中国道教文化之旅丛书

圣迹仙宗 青羊宫

总 主 编　张继禹
本册主编　陈明昌
编　　著　冯广宏

华夏出版社

《中国道教文化之旅》编辑委员会

总 顾 问：任法融
总 主 编：张继禹
主　　编：王哲一
执行主编：王炳旸
副 主 编：

黄信阳	黄至安	丁常云	唐诚青	赖保荣	刘怀元	林　舟	张金涛
张凤林	孟崇然	黄至杰	李诚道	张东升	袁志鸿	张明心	胡诚林
谢荣增	陆文荣	董沛文	刘世天	王书献	孙常德	史孝进	吉宏忠
王怀静	杨世华	詹达礼	高信一	吴诚真	李文兴	王至全	袁宗善
刘兴龙	欧冶国	喇宗静	张崇新	赵理修	王崇道	邓信德	蔡万圻
董中基	廖东明						

编辑工作办公室主任：张兴发
编辑委员会委员：

任法融	张继禹	黄信阳	黄至安	丁常云	唐诚青	赖保荣	刘怀元
林　舟	张金涛	张凤林	孟崇然	黄至杰	李诚道	王哲一	王炳旸
袁志鸿	张明心	胡诚林	谢荣增	陆文荣	董沛文	刘世天	王书献
孙常德	张兴发	冯　鹤	郝光明	李信军	张　凯	吉宏忠	姚树良
张开华	翟仁军	成笃生	刘少波	黄健虹	吴信达	潘志贤	杨梦觉
陈明昌	张至容	杨明江	邹理慧	郑明德	吴诚真	刘玄遵	蔡亚庭
朱　泽	欧冶国	万　文	王理砚	陈万赟	林美菊	陈信桂	廖信杰
贾慧法	任兴之	陈法永	孙敏财	尹信慧	杨世华	冯可珠	郑志平
简祖洪	薄建华	李宗贤	霍怀虚	张诚达	刁玉松	李　福	詹和平
陈理复	李宗旭	袁宗善	喇宗静	邓信德	赵理修	陈崇真	王崇道
王高静	史孝进	王怀静	詹达礼	高信一	王金华	李文兴	王至全
刘兴龙	张崇新	蔡万圻	董中基	廖东明			

序

  殷商时期，道祖降临神州大地。他所倡导的致虚守静、少私寡欲、无为而治、道法自然、返朴归真、和光同尘等思想，深深影响了中国哲学；他所著《道德经》，提出了"道"、"自然"、"无为"等等著名的哲学概念，成为中国哲学的基石之作。

  两汉之际，中国又出现了一位真人张陵，他奉老子为道祖（太上老君道德天尊），以老子《道德经》为祖经，以道为宗本，创立道教，融合传统宗教习俗，追求天人和谐、家国太平，倡导真正、积善成功、福臻家国，相信修道积德行善定能平安幸福、长生久视。

  魏晋南北朝，道教人士秉承老子思想，光大张陵道风，建立弘扬道教文化的宫观，从此道教文化有了自己的文化宣传窗口，向世人展示着自己独特的魅力。

  宫观发展至今，已成为道教信仰和修道者的圣地。成千上万的道教徒们在宫观内过着如法如仪的宗教生活，成万上亿的道教信徒们到宫观开示解惑、朝拜神灵、祈福禳灾。许多高道依托宫观实现了他们致道成仙的人生目标，如张道陵在大邑鹤鸣山驾鹤飞仙，许逊在南昌西山白日飞升，张三丰在武当山得道成仙。

  宫观传衍至今，已成为中国传统文化的重要载体。每一个宫观都有着

它的历史传承、人物故事、文物胜迹、经典书籍和建筑艺术等等，这些均构成了本宫观的文化，这些文化又是宫观所在地文化不可或缺的重要组成部分。这不仅是宫观的，也是道教的，更是社会的传统文化。如张道陵祖师依托二十四治创立天师道，形成了天师道文化；杨羲、许谧依托茅山的靖庐创立了道教上清派，形成了茅山文化；许逊依靠万寿宫，形成了净明道忠孝文化；邱处机凭借白云观推动了全真龙门派的发展，形成了龙门祖庭文化。

　　宫观传承至今，已成为了道德伦理教化的场所。道教宫观中供奉的神灵，有古代神话中的人物，还有山川河岳等自然界的神灵，更有有功于社稷、有惠于黎民而为民众所敬仰的地方神灵。道教崇奉神灵的原则是"尊道贵德"，倡导崇尚德行、敬仰贤能。如道士孙思邈是古今医德医术堪称一流的名家，尤其对医德的强调，为后世的习医、业医者传为佳话。他的名著《千金方》中，也把"大医精诚"的医德规范放在了极其重要的位置上来专门立题，重点讨论。而他本人，也是以德养性、以德养身、德艺双馨的代表人物之一，成为历代医家和百姓尊崇备至的伟大人物，被道教崇奉为"药王"。又如道教崇拜的城隍神，皆为世间人之正直者，有"功施于民则祀之"的说法。他们有的是地方的"清官"，正直无私，秉公办事，能为民消灾解难者；有的是有功于国于民的"功臣"，生前曾对某地乃至全国作出过一定贡献，人们牢记其功绩，奉之为神灵；还有人间正直者，他们生前为人正直，与人们所希望的城隍神形象较为接近；更有世间乐善好施者，在中国传统社会中，积功行善，乐善好施者，往往受到人们的崇敬；当然也有神能者，生前有异能，造福乡民，人们相信他死后可以充当城隍之职；还有善鬼，人们认为，人死后进入阴间而为鬼，但只要积德行善也能提升。可见，城隍信仰中"人之正直，死而为神"的观点，正是人们把美好理想

和愿望寄托于神灵,希望他们能像生前一样公正无私,造福于民。同时,也鼓励人们积极向上,崇尚德行,讲求孝道,对人们具有一定的教化功能,在一定程度上又构成了伦理道德体系。

同时,道教的宫观还是济世利人的基地,是服务社会、利益人群的场所。道教宫观导人向善的教化功能本身就发挥着净化社会的崇高精神。从历史上看,道教宫观曾经发挥过济世救人的功能。如张鲁行宽厚仁慈之政,以道教化世人,设立义舍于路边,放置米肉于其中,让过路的人量腹而食;邱处机在北京白云观创立十方丛林,收容遭战乱无家可归的人,多达数以万计,清乾隆皇帝赞扬说:"万古长春不用餐霞求秘诀,一言止杀始知济世有奇功。"清代道士闵一得,主持金盖山纯阳观,大振玄风,乐善好施,奖掖后进。当代道教宫观,不忘祖训,更加积极投入到社会慈善公益事业中。道教宫观植树造林、美化环境;赈穷补急、兴利除害;积功累德、慈心于物;忠孝友悌、正己化人。如道教宫观在甘肃的生态林建设,九八洪灾捐款,四川地震灾害捐献等等,均彰显出道教宫观济世利物的高尚品德,由此清楚地看到宫观在道教传承中的地位和作用。

为了打造道教文化精品,提升道教品位;繁荣文化市场,满足群众需求;整合道教宫观资源,形成道教文化合力;推动对外文化交流,促进道教健康发展,响应"推动社会主义文化大发展大繁荣"号召,中国道协文化研究室以道教宫观为研究对象,推出"中国道教文化之旅"大型文化研究项目,把道教宫观文化承载的道教义理、建筑、绘画、生态等智慧和道教生动感人的故事展现出来,通过一座座宫观的文化之旅,探索发现出道教许多不为人知的价值内涵,从而彰显道教的人文精神。这样可以向社会人群提供优秀的道教精神产品、凸现道教文化魅力、创造良好的社会效益。从而提升道教形象,扩大道教影响,增强道教的亲和力,为构建和谐社会

作出积极有益的贡献。

感谢国家宗教局领导对《中国道教文化之旅》的大力支持，感谢各省道教协会、各宫观高道大德的积极参与，感谢今日集成广告有限公司张东升先生的热情襄助，感谢华夏出版社编辑的辛苦付出。我相信，道教文化的魅力与人文精神一定会通过本套丛书的出版而弘大显扬。

张继禹

2011年1月谨识于北京

导言

21世纪的青羊宫二仙庵

中国土生土长的宗教——道教，创始于公元142年，即东汉汉安元年，天师张陵创立"正一盟威之道"，标志道教正式诞生。现今四川大邑鹤鸣山，是祖天师建道之地；成都则是治所"玉局治"所在之地；与治所相连的青羊宫，人称"道教祖庭"。

青羊宫这座川西古老的道观，1983年列入国务院确定的全国重点开放宫观。

21世纪的青羊宫，与二仙庵连为一体，坐落在成都市一环路西二段9号，属于青羊区所辖范围——你看，这一行政区的名称，也由青羊宫而得名。

青羊宫建筑占地300余亩。走进山门，便发现自南向北一条线上有灵祖殿、混元殿、八卦亭、三清殿、斗姥殿、玉皇殿；北面最深处，有10多米高的土丘，顶面中间有唐王殿（紫金台），东西两边有老子降生台和说法台，旧称"三台"，那是古老青羊宫的特殊布局。

以往与青羊宫为邻的，还有全真教龙门派碧洞宗祖庭二仙庵。由于历史原因，1953年四川省文化局开办电影艺术干部学校时，一度占用此庵；1955年与青羊宫进行"生产合并"；1958年将两者改建为花园；后来称作"文化公园"。20世纪80年代在落实宗教政策背景下，青羊宫恢复为道观，与文化公园分开；2002年，文化公园将二仙庵原殿堂区及楠木林祖师墓地

共计35亩归还道教,从此青羊宫与二仙庵便成为道教的"双子座"。2003年,青羊宫住持开始重修二仙庵里破落的殿宇,陆续恢复了庵堂面貌——吕祖殿在2004年维修一新;文昌殿在2005年重新建造,二仙殿和元辰殿也一并修缮;2008年道长们又为新塑的神像举行了开光仪式。

重新修缮的二仙庵殿堂建筑,山门以内依次有灵官殿、文昌殿及其左右的百神殿和九皇殿(现为文物陈列室)、吕祖殿、二仙殿、元辰殿。北面最深处新建藏经楼三层,用以建立书院。

2008年,在住持陈明昌等人的倡议下,由道长孟高阳推动,筹备建立"老庄书院",作为道教与社会沟通的桥梁。成都市民族宗教局以[2008]15号文批准成立这一书院。章程规定:"书院在省市道协的指导下,由青羊宫自主管理。"宗旨是:"以道教传统的优秀文化切入当今社会,针对人们在实际生活、工作、企业管理等方面遇到的诸多难题或疑惑,给予指导、化解,用道家思想引导人们树立正确的世界观、人生观、价值观,传授道家独特的养生功法,使更多的人健康长寿,提高生活品质和工作效率,从而更好地服务于和谐社会。"

道观随即安排建院计划,吸纳志愿者,引进研究人才,设计书院徽标。接着开展老庄哲学项目研究;整修图书阅览室,充实文献资料;配置电脑和有关设备;开展讲座,编印刊物。

2010年4月22日,青羊宫老庄书院正式剪彩成立,并聘请了一批道教文化研究者为顾问、院职,举行第一场对外学术讲座。此后,学术讲座基本上每周举行一次,内容涉及养生、保健、周易、中医、诗词各个方面,取得较好的社会效果。与此同时,道观还编辑出版《老庄》季刊,发表各种学术研究成果,促进道教文化交流,刊物图文并茂,高雅脱俗,出版后深受各界欢迎。

现在青羊宫南临一环路有一道山门，上方悬挂着金字横匾"青羊宫"三个大字，十分醒目。此匾为公元1759年，即清乾隆二十四年，原华阳知县安洪德所书，笔力遒劲。山门庄严宏伟，飞檐重叠，上有龙虎等吉祥物雕镶，覆盖着琉璃瓦。门口有石狮子一对，紧接着石雕阶梯回廊。

据老人们回忆，青羊宫山门原来延伸到接近今天的青羊横街南端，面临锦江。右边塑有白虎神像，左边塑有土地神像和青龙神像。公元1515年冬，即明正德十年冬建立的"皇恩九龙碑"也竖立在那里。旁边有高大的北斗七星桩，上面刻着《高上玉皇本行集经》和道教秘传天书云篆；还有龙凤桩和龙王井。20世纪50年代修建一环路时，旧有的山门连同那些前代附属建筑，全部拆除，成为公路。

现在步入山门就是灵祖殿了，当初它是山门北面第一重楼底式结构，木柱上吉祥物雕刻得十分精细。目前进门处，东西壁上绘有青龙神、白虎神；殿内供奉着"都天纠察豁落先天主将王灵官"像，他是道教的护法神，虬须朱发，红脸三目，金甲红袍，绿靴金带，左手掐灵官诀，右手举金鞭，足踏风火轮。

第二重大殿混元殿，是光绪年间重建的单檐硬山式建筑，面阔五开间。殿门上悬有1934年正楷书写的"玉帝宝诰"匾额。殿门左面有《青羊宫赋》木屏，为四川大学教授何崝撰书，堪称佳构。大殿内有石柱26根，木柱2根，柱上刻有镂空的祥鹿、凤凰望月、双狮戏球等图案，形象生动。殿内正中供奉"混元祖师"，即太上老君，童颜鹤发，面目慈祥，手持混元乾坤圈。后殿供奉慈航真人，慈眉善目，端坐莲台，佛教也称"观音大士"，本是道教十二金仙之一。

混元殿北面的八卦亭，是青羊宫内最有代表性的建筑物，相传初建于隋唐，明末战乱中遭到彻底破坏，清初复建时只是一座草亭，因在重台之上，当时称为八卦台。乾隆年间重建亭台，至同治、光绪之际达到完善。

整体建筑包括台基共有三层，亭身又分上下两层，构造精美新奇；整座亭宇以木石斗榫衔接，并无一栓一楔。外檐8根浮雕镂空的石质滚龙抱柱，还是国内罕见的石雕艺术珍品。亭中奉有老君塑像。

第三重大殿三清殿，重建于康熙年间，是青羊宫中的主殿。面阔五间，进深五间，十分雄伟庄严。殿外左右新立了两座大石碑，西边碑面镌刻清康熙时巡抚张德地《重修青羊宫碑记》，碑背刻有《道祖法系》；东边碑面镌刻清光绪时士人刘桂文《青羊宫重修三清殿八卦亭碑记》。殿内正面高耸的神龛内，供奉三清尊神贴金泥塑坐像，显得分外高大；大殿两侧分列十二金仙贴金泥塑坐像。大殿背面塑道教祖师钟离权、吕洞宾和清代开山住持汪一萃像。三清殿内原先置有一对铜羊，本属镇宫之宝，体现西川摸羊祛病的古老民俗，因为多年来众人摸擦太久，铜壁变薄，不得不作为文物收藏起来。现在重新制作了一对仿制品，放在大殿门口，供人赏玩触摸，拍照留念。

第四重大殿为楼底式全木结构的斗姥殿，建构于较高台基上，又称元辰殿，是青羊宫内唯一完好保存至今的明代建筑物。殿内供奉三目四首八臂女神"先天大梵斗姥元君"；斗姥左右供奉"西王母"和后土皇地祇（即民间所称"地母"），都是道教女神。两侧分别塑有南斗六星、南极长生大帝（寿星）和北斗七星神像。

斗姥殿北面土丘南麓，原有一座玉皇殿，旧称通明宝阁，因年久失修，成为危险建筑物，于1977年拆除，1995年重建为双重檐楼底式结构。明代的斗姥殿地基已经较高，开挖玉皇殿基础时，将斗姥殿背面露出的地基用混凝土加以保护，表面做成照壁形式，上书"福寿禄"三个大字。

重建的玉皇殿内，楼上供奉玉皇大帝神像，左右分别置有钟和鼓。楼下称为三官殿，前殿正中供奉天、地、水三官大帝塑像；背后供奉紫微大帝和真武大帝塑像。

玉皇殿背面是一个小型的庭院，院内有一座大石碑，上刻唐僖宗将古代玄中观改名为"青羊宫"的诏书，让寻根的游客做一个参考。后边就是高高的土丘。

玉皇殿北面的土丘，分别堆成三块，顶上矗立着三座精巧的建筑物，雅称"后苑三台"，平面形状好像天上的三台星。中间丘顶上建立唐王殿，塑有唐高祖李渊夫妇像和其子唐太宗李世民像，两侧有尉迟敬德、秦琼和魏徵、李靖等功臣塑像，这一建筑表现了唐朝皇家与道教的亲密联系。左边那个丘顶上建有降生台殿宇，相传古代太上老君即分身降化为老子于此，殿内塑有"太上无极圣母"像。右边丘顶上建有说法台殿宇，殿内供奉太上老君塑像。现在这三座高台上的建筑物，内部都绘有道教传说故事的壁画；外部都建有回环而上的石砌阶梯，栏杆上还刻着各种精美的图案，比如降生台那边就是系列的"二十四孝图"，殿壁上刻着《太上感应篇》文字。

在三清殿东侧，有一座四合院式的方形建筑，前院是四川省和成都市道教协会所在地；后院是著名的印经院，全国仅有的道教典籍《道藏辑要》木刻版片，现在仍可在这里印刷出版。这一四合院，可说是青羊宫和二仙庵的分界。门外的草坪上，园丁们巧妙地用冬青树篱组成"道法自然"字样，南面还组成八卦太极图形，颇具匠心。草坪东边，有塑成古代竹简的雕塑，上面刻着《道德经》的首章。这些令人耳目一新的文化小品，会把游人带进道教文化氛围中。

现在新修的二仙庵山门，实际上是在文化公园里面，门口建有八字粉墙，东西分别榜书"西南道教"、"第一丛林"大字。门外立着一对新制的石狮子。门分三洞，中门最大，设为双扇。门顶匾额上"二仙菴"三个大

字,红底金字,由书法家刘奇晋所书。由于现在二仙庵与青羊宫没有什么间隔,山门虽设而常关,统一由青羊宫大门进出。

进门就是二仙庵的灵官殿。带有彩绘画屏和盘龙木雕的华美神龛里,立着护法神王灵官的铜铸像。面前设立香案和鼓磬。四壁木柱上,悬挂着朱红色的楹联。殿左厢房原为"云水堂";右厢房是门头师住所。殿的背后板壁上,写着一个巨大的草书"道"字,仿自张三丰手迹,形象飘逸。

灵官殿与北面文昌殿之间,是一片宽阔的广场,东西两边各有一座配殿,西边的百神殿,现在改为文物陈列室,从门口保留着公元1845年,即道光二十五年的两副陈旧楹联来看,这里确实是原来百神殿之所在,因为"顾密斋乩撰"的联文有"百神永锡以百福"之语。东边的配殿原称九皇殿,百余年沧海桑田,如今除了房屋外壳还在,面貌已经大变,现仍做陈设和存物之所。

修复后的文昌殿,就是以前的玉皇殿,乃是一座双重檐砖木结构,广阔轩敞。门顶悬挂着康熙皇帝御书匾额"丹台碧洞"四个大字,金底黑字,据说为了躲避"文化大革命"劫难,曾经送到青城山天师洞悬挂,直到2006年第二届道教文化节前,才从青城山迎回,不过现在悬挂的却是现代仿制品。大殿西侧,有一道横阔的石碑,上刻书法家蒲宏湘补书的张三丰仙师《瓜皮诗》和《回文诗》。原先诗碑本来立在广场中央,刻有张三丰亲笔书写的"龙蛇体",半个世纪前遭到毁灭性破坏。

文昌殿内正中,以一块硕大的八卦太极图板,替代了原先的玉皇塑像,足以引发人们的想象。两边的神龛里,分别塑有文昌帝君像、药王孙思邈像和财神赵玄朗像。他们都是很受现代人崇拜的神仙,常常见到善男信女叩头礼拜。

在文昌殿与北面吕祖殿之间,是一片更加开阔的广场,中央有石板镶

嵌成的大型八卦太极图。广场的左右两侧，各有七间条带状的廊房，是宫观办事机构所在。

吕祖殿是二仙庵殿堂系列中的正殿，建于清初，曾是崇祀吕洞宾祖师的专祠，规模相当宏大。外廊和殿宇矗立着一排排高大的石柱，石柱高度都在3米以上，开采和运输都很不简单，据说所用石材，来自淮州的峡石。现在柱顶还刻有"福垚氏捐石柱肆拾贰根"字样，表明那是当时一位虔诚信士做的功德。前代旧有的楹联，就直接雕刻在石质柱面上，倒也省事。现在大殿门口，立着一对新铸的高大铜麟，颇为壮观。殿内正中神龛里，端坐着吕洞宾祖师的铜铸像。东西两侧的神龛里，有全真祖师王重阳及其弟子"北七真"的八座铸像，分排左右，庄静慧穆。殿后则用瑶池王母和八仙的壁画，代替雕塑。吕祖殿周围，环绕着宽阔的回廊，许多健身游客，常常在那里打拳、舞剑。

在吕祖殿北面，就是二仙庵主体建筑二仙殿了。那是一座高大宏伟的双重檐建筑，基本上用石柱支撑。那些石柱成本很高，基本上是居士们共同出资，至今柱上还刻着"贺龙骎捐石柱壹根"、"柴许菊芬捐石柱叁根"、"廖玉润捐石柱贰根"、"李然君捐石柱壹根"等字样。看到那么多捐资者的姓名，就不禁对前面吕祖殿一下子捐柱42根的信士，感到由衷的敬佩。正因为石柱便于镌刻，殿内殿外所有柱面上都刻满了联语，使来此参观的游客目不暇接，简直像走进了一座道教楹联博览馆。道人说，在"文革"那十年中，一股"破四旧"的狂潮袭来，那些楹联全部犯了忌讳，道众们连忙用水泥把柱面封闭起来，才躲过一场浩劫。到了21世纪重修之日，能工巧匠们小心翼翼地剥开那层水泥壳，再重新给原来的字迹填金上色，总算恢复了旧观。

二仙殿正中塑有吕洞宾、韩湘子铸铜神像，神采奕奕；四壁画满了彩色的道教文化领域中各种传说故事。殿后东西两侧本是整排的廊房，与背面的元辰殿构成一座特别巨大的四合院，由于元辰殿尚在修缮过程中，暂不对外开放。

最北面的藏经楼，是一座三层殿阁。现在楼下是老庄书院会议场所"迎仙庐"，置有一堂刻有赵孟頫书写的《道德经》木屏；二楼是图书阅览室，集中了最有文化价值的许多大部头丛书；三楼是书院讲坛，经常有专家、教授在此宣讲学术。

二仙庵这些主要建筑，给人的印象与西面的青羊宫有明显区别。青羊宫那些重重叠叠的殿堂间，处处绿树成荫，芳草如茵，钟磬时鸣，香烟缭绕，显得紧凑密聚，给人一种古朴典雅的印象。而二仙庵就显得宽敞开阔，广场与殿堂对比起来，广场好像很大，殿堂好像很宽，稍稍带有一点现代气息。在旧有泥塑神像被全部破坏以后，恢复起来的铜铸像，带有现代艺术风味，与前代故物具有不同的文化风采。殿堂内凡有大量空白的粉壁上，处处都填满了新绘的彩色壁画；凡是殿内的空白梁柱，也全用彩绘吉祥图案或传说故事来填充。此皆着力于艺术角度上表现道教文化，可称一大特色。

大家对21世纪的青羊宫、二仙庵的外形有了一定印象以后，接着就不妨触摸一下它的人文史迹和文化内涵，共同进入这五彩斑斓的梦境般的连体宫观。

目　录

柳堤玉局青羊肆 / 1
惊天之约青羊肆 / 6
老子尹喜会青羊 / 10
老君天师降青羊 / 15
玉局化中寻仙梦 / 19

龙神庙作玄中观 / 23
青羊宫名呈异样 / 24
老君符命授唐皇 / 30
锦江出现老君像 / 33
酒贩承诺修宫庙 / 37

竹隐灵砖祝太平 / 41
两代唐皇青羊缘 / 42
美妙砖篆僖宗喜 / 49
青羊宫名从此定 / 52
朋龟骈文美妙极 / 55

花拥琳宫兴月市 / 61
前蜀皇宫邻青羊 / 62
广成先生补轶事 / 65
三春蚕市任遨游 / 69
二十里间梅不断 / 74

红羊劫后获新生 / 81
- 宋末元初遭劫难 / 82
- 大明蜀王新修宫 / 87
- 明末清初再遭劫 / 92
- 清府道众齐修缮 / 95

祖庭圣地聚珍奇 / 101
- 八卦亭上寓妙理 / 102
- 双铜羊身合川俗 / 108
- 三殿以外有三台 / 112
- 张仙诗碣称双绝 / 117

丹台碧洞二仙庵 / 123
- 枭台良璧遇高道 / 124
- 康熙皇帝题庵名 / 131
- 本忠永亮建丛林 / 134
- 二仙庵诗成佳话 / 138

花海灯山双子座 / 143
- 蜀中灯会赏玩处 / 144
- 民间花会踏青地 / 149
- 官方庙会劝业场 / 155
- 楹联匾额集萃所 / 164

真师辈出话仙才 / 183
- 广成先生杜光庭 / 184
- 碧洞真人陈清觉 / 187
- 自牧道人张清夜 / 189
- 纯诚可嘉王来通 / 192
- 辑刻《道藏》阎永和 / 196

柳堤玉局青羊肆

◎ 青羊宫全景

觀其承宮連閣畫棟雕甍覺若真可撼坤勢堪懸煌煌煒煒漢之三清雍之而高庄二仙穆之以䇳於涑遶老子幻雁斗姥慈蔭玉帝咸隆化儒䏻佛樞為攬英色乾坤之萬象顯進化之至靈

初觀道藏作觀金身賦脰則驚其恢詭譎妙則覘其紛綸及入門而探幽知至理之斯存夫大道之而化塑儀客而見真乃㧓徽之可覘自要妙之誷陳遶善揚而惡懲移俗樸而風漳妙戲是之謂無極而太極不神以為神也㦲

慨乎仙觀歷劫時迴二紀巻正法之陵遲衰於堂三媦圮泊叁妖霧瘴美銅羊生輝蟬蛻重理是知綿綿之若存斯謂谷神之不死亂曰道敎之興肇基蜀土代記綿遠闡化今古旨趣宏深澤流區宇青羊道觀和洽天府數揚善敎宗風隆灜念慈在兹永敬堂庶

公元二千零七年歲次丁亥盂夏穀旦

智軒主人何崝撰書

青羊宮賦

以化羊蜀地來雲紫府為韻

特立錦城閴閛靖舍煌煌琳宮參差亭榭耀六合以祥甲景盈庭之蘭廡興錦水而為鄰揮花潭以相迴宜翔鶴而舞鸞茗金緯而玉杂誠合邑之靈合穀大羅之西亞也

昔周祚飄搖老子西飛過函關而著述遂邅迴而渺范唯道書之廡載知桂史之行藏乃遡會尹喜於成市敕青童而化羊顯靈異煥瓊章成太上立元綱亭號八卦德耀三光繡飛龍之躍躍塑道貌之堂

嗟波猶龍乘光吾蜀故老相傳志乘省錄於是教立鶴鳴之山祖傳真文之籙洞虛迴之宗門返樸淳之善俗稠秾之治高暉聖賢之爛宜建何羊巳炎載記天師說法之堂唐主蒙塵之地駐百業之興隆張官前之市肆樹古柏而挐雲植修竹以擁翠宜朋士之潛備乘文星之雲華若乃有道煙霞孚蒙使君之厚遺瀾東烋

惊天之约青羊肆

公元前6世纪前后，西方人称作"轴心时代"。那时中国出了两位最有智慧的圣人，一位是老子，一位是孔子。因为孔子曾经虚心地向老子问礼，所以儒道两家都承认，老子是孔子的师辈。在那个时候，学校极其少，书本也极其少，要想学一点东西，不能光靠读书，多半是到处拜师，虚心探问，听人家讲一些学术内容。那时有才学的人，并不全靠眼睛，而是依靠耳朵和头脑。

老子是春秋时代的人，诸子百家都称他为"老聃"，聃字的意思，是耳朵比较特殊。司马迁在《史记·老庄申韩列传》里说，其实"聃"是他的字，老子姓李名耳，是楚国苦县厉乡曲仁里的人。他在周王室担任"守藏室之史"，相当于现在的图书档案馆馆长。那时没有纸张印刷的书籍，所有文字记录，不是写在竹简上，就是写在绢帛上，馆里的书架，就像仓库里的货架一样，叫作"守藏室"，倒也名副其实。

孔子接受过老子的口头教育，向弟子们发表了一通感想——鸟，我知道它能飞；鱼，我知道它能游；兽，我知道它能跑。无论它们进入水陆空哪个角落，总能够用网子抓过来。可是龙，我就不晓得它是怎么乘风云飞上了天的！我今天见到的老子，真犹如一条龙啊！

孔子从来不轻易夸奖人。他对弟子讲的这番肺腑之言，便使老子有了一个"犹龙"的雅号。

后人对司马迁这篇传记，有过不少补充。老子姓李，为何不称"李子"而称"老子"？那是因为他特别长寿，所以才有这一尊称。他还有一个"伯阳父"的号。他的官职实际上是"柱下史"，因为守藏室为了保证档案安全，里面柱子很多。

据《神仙传》的描述，老子身长八尺八寸，黄色美眉，长耳大目，广额疏齿，方口厚唇，日角月悬，鼻有双柱，耳有三门，足蹈二五，手把十文。

老子在周室待了很久，见到王权一天天衰落，便决定辞官西游。他乘坐青牛，缓慢而平稳地走啊走啊，走到一座关前，遇见了关令尹喜。那座关，《抱朴子》说是大散关，在今陕西省宝鸡市西南大散岭上，当秦岭咽喉，扼川陕交通，为古代兵家必争之地。崔浩说，当时尹喜正担任散关令，负责看管这道关。刘向《列仙传》上对尹喜作过介绍：他的官职是周朝大夫，善于观察天文，懂得服食星宿精华，隐德行仁，时人莫知。

老子所出的西关，还有另一种说法，《出塞记》说是函谷关，位于今河南省灵宝市北15公里的王垛村，形势也很险要。那么，尹喜就是函谷关令了。现在陕西省周至县东南终南山北麓有个楼观台，相传是老子当年歇脚的地方。今人把这两种说法作了折中，认为老子的目标是西游秦地，应当先过函谷关，再过大散关，两道关都得过。至于尹喜在何处任职，不妨模

◎ 青羊宫山门

糊一点。

许多道教传记如《元始内传》、《关令内传》都描写过那精彩的一幕——善于观察云气的关令清早起来,发现有大片紫云弥漫天空,从东方而至,就预测到必有大圣人将要来到西关,便向守关的士卒打招呼:今天好生把进关的道路打扫干净,瞭望过关的行人,如有贵客来临,及时给我通报。

没过多久,就得到情报,从远方来了一辆青牛拉着的薄板车,已缓缓向关门靠近。尹喜连忙起身,走到关口迎候。只见紫气东来,一位仙风道骨的老人下了车。尹喜从事学术研究多年,天下有道之人也知道不少,与这位老人虽然未曾谋面,但很快便猜到老人可能是心仪已久的柱下史老聃先生,于是赶紧上前礼拜。老子也料到他一定是关令尹喜,便拉住他的手,直呼"关尹"。两人不禁为这次历史性的晤面感到特别愉快,双双仰天大笑。

老子知道尹喜肯定会探问到此何事,干脆把自己的想法主动地和盘托出——西方带有王气,但开化欠缺,准备入秦访问。谁知尹喜已经作好安排,力请老子好好休整一下,享受接风洗尘,让这次"自驾游"忘却疲劳;并热情邀请老子在临走时,到自己那座周至楼观住宅参观一番,再休息个十天半月。老子见他如此盛情,也爽快地答应下来。

元代朱象先写过一篇《古楼观系牛柏记》,说老子当年在楼观里住下来,驾车的青牛,就拴在那根经历了2400多年的老柏树上;存放牛车的草亭,也在柏树附近。这一切都成为元朝著名的文化古迹。

古今画家绘过许多"老子出关图",来描述这段佳话——画面上绝大多数是一位白须老者,骑跨在青牛背上,一个可爱的小童牵着牛鼻索,在旁边走路。虽然艺术作品并不一定写实,允许掺入想象成分,但这些图画与道史的记录反差实在太大了。众多仙传比较一致地说,老子乘坐的轻巧牛车,是用薄板制作成穹窿,又称"薄奋车",可以遮风挡雨隔太阳,人坐在里面冬夏咸宜,这才适合远行;而且老子还有一个跟随多年的"驾驶员",名叫徐甲,照顾生活起居。如果像画上表现的那样,只能做一次郊野踏青之旅,如何长途驰驱,渡得函谷天险?

苏东坡《楼观留题》诗："青牛久已辞辕轭，白鹤时来访子孙。"辕轭就是车子的部件。用牛驾车，虽然速度很慢，但相对平稳，符合老子思想。可是黄牛、黑牛、白牛或其他颜色的牛皆可为驾，为什么单用青牛？今人因此还研究了一番：有人认为青色主春，木德，代表东方，象征生机；有人认为青牛品种优异，力大耐劳，适合远驾。

老子受到尹喜好几天招待，准备辞行。尹喜终于说出藏在心底的话，司马迁将它浓缩成五个字——"强为我著书"！

今人高度夸奖这五个大字，认为尹喜立了划时代的大功。正因为如此，奉行"知者不言"、"希言自然"原则的老子，才勉强听了他的劝说，写成《道德经》五千言，成为目前全世界译本最多、版本数量最大的经典之一。

天下无不散之筵席。情也领了，书也写了，老子应该动身了。可是尹喜仍旧依依不舍，再三挽留。老子就传授他养生长寿之道，并且对他说：

"你修道一千日以后，可以成道，那时去往成都的青羊肆来找我。"

老子讲完这话，径自登车，向西而去。

时间——千日以后，大约三年。

地点——成都青羊肆。

尹喜牢记这一惊天大约，下定决心，用功修道。

老子尹喜会青羊

老子与尹喜青羊肆约会一事，最早记录在西汉扬雄（公元前53年—公元18年）编写的《蜀王本纪》上。

扬雄是成都人，原为著名的辞赋大家，可是他却认为这种文艺写作，不过是雕虫小技而已，他真正热衷的是研究天文历法、各地方言和西蜀古史。他通过调查研究写成的这部《蜀王本纪》，使许多濒于湮灭的古蜀口头传说，变成文字记录，这才避免了流失。

古蜀国所在的成都平原，西和北有龙门山，东和南有龙泉山，挡住西伯利亚寒流和东太平洋副热带高压，造成一种亚热带湿润的季风气候，使它有年均18摄氏度的气温以及每年1000毫米左右的降水量，成为一块风光和暖的宝地。大约6000年前，就有从秦岭而下的人皇族，到此开发；在平原西边的岷江流域，有蚕丛氏开始建立蜀国；后来的鱼凫王，活动领域延伸到沱江流域和平原腹地；接着是杜宇王朝，政治势力已经扩充到平原大部，经济组织已经进入农耕社会，那时已到了西周时期。这些被扬雄记录下来的史迹，近年由三星堆和金沙考古发现所证实。

农耕社会的民众，需要定居生活。过去以氏族为单位聚在一起，捕鱼猎兽，随环境变迁而不断搬家的方式，有了很大改变，居住区渐渐形成都邑。相传古蜀就有三大都——广都、成都、新都。

最早的蜀王蚕丛，传说都于瞿上。这一古地名，宋代《路史》记在四川双流牧马山台地处，很有道理。远古先民害怕洪水，邑聚往往安排在半山或丘陵台地上。双流的古名正是"广都"——它应该是古蜀国最早建立的都城。

蜀王鱼凫的邦国比蚕丛的大得多，靠近岷江的温江鱼凫城，宋代已有记录。1996年通过考古发掘，发现那里真有4000多年前的古城遗址，城墙用土夯筑，又宽又大，边坡非常平缓，好像防洪堤。整个城墙将城区包围成一个巨大的六边形，仿效蜂巢。那一年，考古人士一口气在岷江两岸发现了6座古城，鱼凫城算是形状最奇特的一处，而且面积广阔，时代古老。

杜宇王朝的都城叫作"郫邑"，比现在的郫县更靠近北部山区，随后慢慢向平原迁移，达到现今郫县的古城村。1996年考古工作中，真的发现了4000年前古城遗址，那座城略显长方，面积比鱼凫城小。

虽然这时的成都，名字还不见经传，但从经济中心向南迁移的趋势得知，实际上那里已经是相当具规模的邑聚了。在20世纪后期，成都城区中心的十二桥，曾经发现商代房屋建筑群，全部是木材榫接结构，有的房子分上下两层，考古学家称为"干阑式"。有的房子开间颇大，有点像宫殿。在修建岷山饭店时，工人开挖基坑，发现了一大排倾倒下来的楠树，非常粗大，显示是在一次特大洪水中冲倒的丛树。同时发现的还有一条打鱼船和一顶斗笠，大概当时也在洪水中倾覆。这些迹象表明，早在杜宇王朝以前，成都就成为名副其实的"都"了。

至于新都，明显就是最后建立的大都，所以称"新"，现在地名完全未变。

春秋时期，由于治服了危害古蜀国计民生的大洪水，开明王朝和平地替代了杜宇王朝。蜀国国力更加强盛，连西部的秦国，也存在几分畏惧，经常派使臣来修好。开明时期的政治轴心更加南移，成都实际上已成为国都。《华阳国志》说，那时成都有条赤里街，是当时政治机构所在地；古人按照五行学说推测，火色赤，位于南方，所以赤里街应该在城南一带。这一推论，四川大学任乃强教授并不赞成。他认为，成都东山台地上，泥土颜色发红，叫作赤里，名副其实。古蜀先民，爱好在台地上生活，因为不受洪水侵袭，所以那里很快形成一条街，比较热闹。蜀王宫室在这里修建，显然看重这里的安全条件和深厚基础，哪会选择水泽满地的城南？

老子和尹喜雅会的青羊肆，究竟在成都什么位置？如果按照五行说法，木色青，主东方，就应该在城东了，其实大为不然。

晚唐杜光庭《道教灵验记》里有一篇《青羊肆验》,开头就说明:"成都青羊肆在正见坊,罗城之外。"因为那里与现在的青羊宫有关联,所以实际位于城区西南。

现在的问题是,青羊肆究竟是个什么性质?为什么老子要相约在那个地方?

今人的答案五花八门,比较典型的说法,就是集贸市场。根据《文选·游西池》注:"肆,市中陈物处也。"等于《庄子·外物》所谓的"枯鱼之肆"。

又有人认为,那里大概是氐羌民族用羊祭祀神灵的地方,因为"肆"本身就是一种祭礼,以全牛全羊祭祀祖先,便称为"肆祀",那是有案可稽的。

还有人认为,古代手工业作坊也称"肆",青羊肆莫不是剥制羊皮的场

◎ 二仙庵前庭

所?另外又有人认为,四川话里的"青",与其他地方不同,按颜色来说并非青蓝,而是黑色;按动物来说则是雄性。青羊肆莫不是羊群的配种站?

不管哪一种说法正确,青羊肆总是个远近闻名、众人皆知的地点。只有这样的地点,没有到过成都的尹喜才比较好找。

《太上老子传》描述了尹喜应约来到成都的全过程。

话说老子甲寅年与尹喜分手后,入秦不久,便升了天。在太微宫住了几时,便分身降生在蜀地善人李太官家中,成为一个生着白须的婴儿。在降生之前,又安排青帝驾下的青龙,也托生到蜀地,成为一头毛色如同青金的小羊,陪伴着婴儿玩耍。

忽然有一天,青羊不见了。婴儿看不到青羊,啼哭不止,李太官十分着急,连忙让喂羊的童子上街去找。

再说尹喜按照约定,在老子离开千日以后,抓紧辞去官职,准备行囊,风尘仆仆地翻过秦岭,经过剑门,直奔成都而来。只见前面一片翠绿的树色,田野掌平,溪流环绕,情景动人,知道成都就在眼前了。那时是开明时期,成都还未修建城墙,按照开明一世鳖灵大帝的防洪经验,把城区周边用一圈木栅包围起来,代替城墙,万一发生特大洪水,进也进得快,退也退得快。反正许多人家都修了干阑房屋,涨了水就往楼上跑。

尹喜找到进城的大栅门,拿出证明身份的铜符,很容易地进了成都城。可是他探问青羊肆怎么走时,门卒给他比画了半天,由于方言实在不好懂,只好道谢离开。

这时尹喜悔恨自己,准备工作还是不够到位,忘记随身携带一部蜀语词典,如今尽人皆知的青羊肆,他竟然问不清在南在北。没有其他法子,只有到处乱转,碰碰运气。

成都实在太大,一连找了两天,都没有找到青羊肆——他想,那里既然是个出名的地方,去的人一定很多,也许多数人会牵着羊,不妨跟着他们走。想到这里,他的心情豁然开朗,精神和体力重新旺盛起来,便专往人多的地方前进。

这一招果然很灵,尹喜远远看见一个童子拉着一只细小的青羊,正朝

他这里走来。尹喜大喜,这不就是"青羊肆"的前兆吗?于是迎上前去,打手势问话。谁知童子竟然会讲秦言,无须手语,这才知道李太官一家是从秦国移民过来的。童子告诉他,主人让他出来寻羊,现在完成了任务,马上准备回家,而李家的地址,大地名就叫作"青羊肆"。

尹喜的难题终于解决了,便随同牵羊童子到了李家,向李太官致以问候,同时听到婴儿的哭声。尹喜本身会些法术,自称能止儿啼,李太官便请他进入内室,看看婴儿,以便施法。

哪里知道,当尹喜一步跨进内室之时,居然发生了惊天动地的奇迹——只见李家房屋突然升高、扩大,内室化为华丽的殿堂,婴儿床上涌出硕大无朋的莲花宝座;而那婴儿竟一骨碌站起身来,化为好几丈高的白金之身,头戴七曜之冠,身穿辰精之服,外加九色离罗之帔,端坐在莲花台上,顶上现出圆光,分外庄严;同时向尹喜发出纶音:"吾乃老聃法身是也。尹喜你相当诚信,千里寻吾,一路上辛苦了!"

尹喜连忙伏地稽首叩拜,激动得热泪盈眶:"圣师一去,千日不见,今日方得重见天颜!"

老子说:"我特来此地等待,目的是度你成道,现在你已炼气三年,达到真妙之境。如今你面带神光,心结紫络,可以成为仙真了。"话音一落,即刻便有诸天帝君、十方神王、各路神仙浮空而来,在莲花座前敷拜听命。老子便给尹喜一个"文始真人"称号,赐他以紫芙蓉冠、飞青羽衫、罗纹黄绶、九色之节。随后,老子就在李家讲授了《元阳经》。

青羊肆这段道教传说故事,流传千年,于是青羊宫里便有了一座"降生台",作为这段故事的实物见证。

老君天师降青羊

追求生命的永恒，是大多数人的愿望；以长生理论和技术为依托而诞生的道教，便成为历史之必然。

道教教团的完善与一位重要人物分不开。公元126—144年，即汉顺帝年间，一位沛国丰县（今属江苏）人驾临西蜀——他就是祖天师张陵。他自称"太清玄元"，曾著作道书24篇，因蜀中风俗淳厚，名山又多，适合修炼，于是率领一批弟子到蜀中来，落脚在鹤鸣山。不久，老子就派玉女下凡，传授他"吐纳清和"的功法；另有天人下凡，传授他新出的"正一盟威之道"。从此，老百姓纷纷拜他为师，学习他的道法，很快弟子扩大到1000多人，学道者有好几万户。

张陵奉老子为教主，尊为"太上老君"；又奉《道德经》为最高经典，并为《道德经》作注，称为《老子想尔注》，经过他子孙三代的努力，将此书补充完善。《道藏》中《传授经戒仪注诀》提到这一"想尔训"："蜀风浅末，未晓深言，托构'想尔'，以训初回。"表明了此书的作用。近代敦煌莫高窟发现写本残卷，后被窃至大英博物馆的便是此书。注文认为，"天"是世界主宰、道德化身；而将儒家主张的仁义忠信，作为"道"的属性；由于并不否定既有的等级秩序，因而与朝廷没有多少矛盾。《老子想尔注》的修行目标是长生，方法以修气养精、抑制情绪、遵守戒律为主；至于祭醮活动，则放在次要地位，认为"天之正法，不在祭餟祷祠也。"

四川洪雅前代出土的公元173年，即东汉熹平二年《祭酒张普题字碑》中，提及当时的道教情况："祭酒约施天师道，法无极耳。"故知道教最早称为"天师道"，张陵则被尊称为天师。张天师随即建立一套管理制度，划分和设置教区，称之为"治"。骨干教徒称为"祭酒"，负责分管道户，让

大家轮流捐献米、绢、器物、纸笔、柴火等，除用于教务外，主要用来开展公益事业。这其中包括及时整治道路、桥梁，扫除垃圾，净化环境。天师道还教育人应该懂得廉耻，并建立起一些条制：生病或犯法的人，都要忏悔、盟誓，把检讨书丢进水里，由水官转交上天，便可赦罪。

初建教团，要与邪魔外道做斗争，以防其破坏传道工作。传说那时蜀中有几万魔鬼，"白昼为市，擅行疫疠"，人民深受其害。领头的是"六大天魔"，大概是当时民间6股巫术势力，他们"鬼称将军，女称夫人，导从鬼兵，军行师止"；"扰乱人民，宰杀三牲，费用万计，倾财竭产"。张天师战败了这"六大天魔"，把他们的势力范围，改造成"化宇"，所以"治"也可以称"化"，并非仅仅为了避唐高宗李治的讳。当时，那些降服的头领称为"阴官"，徒众称为"鬼卒"；后来信道的教徒也沿用"鬼卒"的称呼，于是教外人士便戏称此时的道教为"鬼道"了。

张陵创道之处在四川鹤鸣山，《三国志》写作"鹄鸣山"，《说文》言"鹄"字与"鹤"相通。鹤鸣山在今大邑县悦来镇三丰村境，为邛崃山脉南段东支，主峰海拔970米，方圆8平方公里，东距成都城市区57公里。与之相连的青城山，素称道教神仙都会，属十大洞天中的第五"宝仙九室之天"，在唐代蜀州青城县西北，今属都江堰市。上有天仓等36峰，阳峰阴峰各半，是千里岷山的第一峰。相传张天师曾于此山与鬼兵为誓，因此那里有张天师誓鬼坛、斩魔石，西北还有个鬼城山。青城山的古黄帝祠，又称常道观、天师洞，是现今四川道教中心之地。

道教二十四治的来历，北周《无上秘要·正一气治品》说，太上老君在公元143年，即东汉汉安二年正月七日中时，"下二十四治：上八，中八，下八；应天二十四气，合二十八宿。付天师张道陵奉行布化"。治的性质，南朝陆修静《道门科略》讲得很具体：天师立治置职，如同郡县城府，治理民物。奉道者皆编户著籍，各有所属。教民有户籍，受祭酒的管辖；同时，治又是传播教旨、教义的宗教场所，是政教合一的典型产物。

在成都青羊肆那里，公元155年，即东汉永寿元年设立了"玉局治"，属于二十四治中的下八治，比其他各治建立都晚，原因是老君又与张天师

◎ 混元殿

有了个新的约会。

故事在公元577年,即北周建德六年所编《无上秘要·正一炁治品》和中唐道士王悬河所修《三洞珠囊》卷七《二十四治品》上都有记载。

"玉局治",上应鬼宿。公元155年,即东汉永寿元年正月七日,太上老君乘坐白鹿,张天师乘坐白鹤,从陆上和空中分头到达成都,相会在青羊肆地面上。这时从地底下忽然升出一张"局脚玉床"。这里要说明的是,古代的"床",并不是现今人们睡觉的床铺,而是一种类似今天长沙发那样的坐具,有没有靠背都行。唐代以前的古人总是席地而坐,不用桌椅,身旁只放一件矮几。相当于椅子的"床",是为了抬高一点,给众人讲话时比较合适,才坐上去的。古人即使坐床,也是盘腿而坐,不像今人把腿脚放在地上。

一般的"床",都用木制,考究起来也要精雕细刻。可是青羊肆升起的

床，却是玉质，分外华贵。所谓"局"，是指围棋盘，有许多细小的方格；"局脚"是指床脚雕刻着方格花纹，说明那玉雕相当精美。

这是老君与天师第二次相会，头一次是在公元143年，即东汉汉安元年正月，老君亲授天师盟威经箓二十四品、三五斩邪雌雄剑、阳平治都功印。这时老君坐上局脚玉床，张天师和弟子们环跪座前，听老君讲"正一之法"。南宋祝穆《方舆胜览》则说老君讲了《南北斗经》；台湾地区三清宫《正一天师老祖天师圣纪》又说，老君讲了"北斗诸经及三八谢罪法忏"。反正这次老君升座，说了很多的话。老君讲完以后，升天而去，那张局脚玉床却像有升降机操纵一样，又缩回到地底下去。这一升一降，结果把青羊肆那里的地皮，弄出了一个大洞。

二十四治处处都存在山洞，也许山洞的存在，是选择治所的一个重要条件。《云笈七签》说各治都有一个大洞，其中皆有日月飞精，谓之伏神之根，下照洞中光明如昼。成都处于平原区内，没有大的山洞，但玉床升降造成的这个大洞，就给这里创造了建治的条件——从此，这里就被划为道教二十四治中的"玉局治"。这一治名，显然是根据"局脚玉床"来取的。

道教向来崇拜"五斗"，相当于天上的五方星宿，其来源大概与这次老君讲《南北斗经》有关。很多道经名称也反映出这一情况——如《北斗本命延生真经》、《北斗本命长生妙经》、《南斗六司延寿度人妙经》、《南斗太微玉经》、《东斗主算护命妙经》、《西斗记名护身妙经》、《中斗大魁保命妙经》、《中斗大魁掌算伏魔神咒经》以及《太上老君说五斗金章受生经》。天师道又被人称做"五斗米道"，说入道须缴五斗米，可能有点附会，实际上应该称为"五斗道"。

玉局化中寻仙梦

　　玉局治在唐人的记载里，常被称作"玉局化"，在地理方面是一个区域概念，一个范围较大的地区。唐代在那区域内修建了玉局观，时代颇早。《成都古今集记》说：公元713—741年，即唐开元年间，道士罗上清曾给朝廷打过报告，请求重修殿宇。可见至少在唐初即已建立。卢求《成都记》说：青城县的昭庆观前有根五符幢，本是张天师所刻，当时是与鬼魅为誓用的；后来另刻了一块石幢，就立在玉局观前。除了玉局观以外，玉局化

◎ 中庭

范围内还有个北帝院,据说那是天曹府库,用来收贮玉局化所收的银钱;因为道众上缴的钱米,总要有个地方存放。这些最古老的道观,在现在成都的什么位置,人们作了不少探索。

有人认为,当时玉局观规模较大,北帝院应该就在观内一个比较隐蔽的地方。

《无上秘要》和《三洞珠囊》都说:玉局化在成都南门左——古代地图与现代相反,南方朝上,所以"左"实际上是指东边。成都古代有大小二城并列,大城在东部,重要官府都在那里;少(小)城在西部,集市贸易区划在那里。上述"南门",应该是大城的南门。晚唐道士杜光庭在公元901年,即唐天复元年编撰的《洞天福地岳渎名山记》里说,玉局化在成都府南一里,具体就指玉局观的所在位置。所谓"府",大致就是今天城市中心的天府广场一带。

◎ 石碑

自从东晋常璩编成《华阳国志》这部西南地区方志以后，唐宋对于地方志的编修就非常重视。唐代方志现在大都亡佚了，只有《元和郡县图志》还在。现存的北宋《太平寰宇记》里有一条重要信息："玉局坛，在城南柳堤玉局观内，张道陵得道之所。"仅仅说"城南"，确定不了位置，有了这个"柳堤"，问题便解决了。今人据此认为，玉局观故址应该在现今天府广场南面柳荫街一带的锦江北岸。"玉局柳堤"、"青羊花市"，是文人爱写的一副漂亮对联。

玉局观作为玉局化范围里代表性的建筑，远近闻名。由于接近当时政府所在地，不但老百姓过年过节要来这里烧香朝拜，而且大小官员们也来这里参拜道祖。唐朝皇帝姓李，老君是皇帝的祖先，所以道教得到无上的崇敬，从上到下形成了一种崇道的风气。各地道观如有破损，只要道士一打报告，官府立即就会响应。所以整个唐朝，可说是玉局观的黄金时代。

当时玉局观特别神圣，就因为太上老君曾经在那里讲过道，所以皇家道场往往也在观里进行。《资治通鉴》记有后唐庄宗同光年间曾经正式下诏"于玉局化设道场"，这种道场想必特别隆重。《十国春秋》又记有公元923年，即前蜀乾德五年，十月，司天监观察星象，预报国内将有大灾，后主王衍连忙下诏："于玉局化置道场以答天变！"《九国志·张公铎传》记载后蜀广政初年，张公铎生了大病，后主孟昶专门在玉局洞开灵宝坛，亲自撰写青词，为他斋醮祈祷。

所谓"玉局洞"，就是老君坐的玉床从地上地下来回升降造成的那个大洞，后来成为一处文化古迹。五代时杜光庭《道教灵验记》中，描述了洞的情况。那个洞很深，深得居然与青城山第五洞天相互连通。张天师认为，玉局化上应鬼宿，不宜开穴通气，否则对西蜀不利，于是让石工开采了许多石料，把洞的深处加以封闭，只留下一个小型石室，里面供奉着太上老君像。

后来，在五代前蜀期间，玉局观遇到了一些麻烦。先是发生火灾，把殿宇烧了不少。后来因为王建当了蜀王，要大兴土木，修建王宫，范围宽阔的玉局化，有不少地方位于规划红线以内，需要拆迁。于是玉局观中不

少殿堂，需要搬移重建。拆迁之后，在玉局化那块地方修起了五凤楼、得贤门（又称"五门"），成为当时名胜。这样一来，玉局观就基本上不存在了。王建的儿子王衍继位后，觉得他老爸做得太过头，便在附近重新划了一些土地，重建玉局观殿堂。宋代黄休复《茅亭客话》说，那工程还未完毕，便出现了奇迹——玉局洞口那里，冉冉吐出五色祥云，几天不散。据说在当时的成都引起了轰动，前来观看的群众达到一千余人。

北宋真宗十分崇尚道教，下诏让天下普遍修建道观。于是益州知州凌策继王衍之后，再次扩建了玉局观。据彭乘《修玉局观记》所述，那时"除旧创新，辟小为大"，拆除王建的永陵陵庙，利用那里的建筑材料，重修玉局观内各处殿宇。建成后的道观东西宽77步，南北长75步。中建三清殿7间，东厢是三官堂、镇楼及玉局祠屋；西厢是九曜堂、太宗皇帝御书楼。还有斋厅、厨库、门屋、周回廊宇，总共135间。殿堂壮丽，楼台辉煌，成为当时四川地区最大的宫观。

玉局观不但建筑规模达到顶峰，而且是宋代行政上管理道教宫观的一个中心点。从公元1070年，即宋熙宁三年开始，设有"玉局观提举"的官职，让老年官员在此安度晚年。苏东坡有一首《送戴蒙赴成都玉局观将老焉》的诗，开头就说"拾遗被酒行歌处，野梅官柳西郊路"，可见那官署设在清静的西郊，风景优美。苏东坡一生坎坷，官职一贬再贬，直到宋徽宗即位，才将他赦免，最后也任命他为成都玉局观提举。本来四川人叶落归根，是件合乎理想的事，但他已经到达生命的终端，垂暮之年在常州病逝，虽然玉局观向他招手，可是他再也没有力量进入这个超脱的安乐窝。

南宋大诗人陆游，在孝宗朝也曾主管过成都府玉局观。他当时觉得自己年岁大了，这一职称让他喜出望外，因此在《口占送岩师还大梅护圣》诗中说："放翁白发已萧然，黄纸新除玉局仙！"把玉局观提举戏称为"玉局仙"，足见他对此职的满意度。公元1186年，即宋淳熙十三年春天，陆游主管玉局观任期将满，他舍不得这个清闲的职位，呈请再任，但未获允准。

龙神庙作玄中观

青羊宫名呈异样

自从春秋时代老君与尹喜相约,在成都青羊肆见面,并且出现了许多奇迹之后,那里就成为一处著名的文化古迹。

此后,经历了战国七雄争霸,秦国成为霸主,在公元前316年,即周慎靓王五年,吞并了开明氏执政的蜀国,成都也成为秦国蜀郡的首府。青羊肆古迹,冷眼看着开明氏的兴衰,迎接春来,送走秋去。

秦昭王和他的祖父、父亲,为了灭蜀,确实费了不少周折,动了不少脑筋。先是约会蜀王在秦岭会猎,表面上好像创造一个与末代开明王会面的机会,以加强两国的友好交往,实际上则酝酿着一场阴谋诡计。

到了约会之期,秦王的狩猎队伍,一大早就在山林里布好阵势,围猎藏在森林里的豺狼虎豹、獐麋狐兔,收获巨大。当蜀王大队来到时,秦王立即送了蜀王一大批野兽,使贪婪的蜀王心花怒放。接着他又让蜀王校阅他的狩猎大军,享受羊羔美酒。直到蜀王心满意足,有点疲劳,想要告辞的时候,秦王便叫人抬来一箱金子,送给蜀王。蜀王感到意外,有点不好意思,赶紧说:

"哎哟,大王的礼品实在太贵重了,寡人不敢接受啊。拿了你们那么多猎品就尽够啦!"

秦王呵呵地笑了起来,说道:"阁下是说这箱金子太贵重了吧?其实,在敝邑,金子是最不值钱的东西,它来得快得很!"

蜀王觉得眼前一亮,连忙动问:"请道其详!"

秦王笑得更厉害了,边笑边说:"讲穿了,事情也很简单。敝邑秦地出产一种金牛,全身都是石头,又高又大,平时躲藏在原始森林之中,让人不易发现。一旦发现了它,它就跑不掉了,只要修条大路,把它拉回来就

行啦。它也不吃草,只管吐金子,因为它千百年来受日月之精华,肚皮里的金子多得是!寡人的宫殿里,就弄到了好几头金牛哩。"

贪心的蜀王不禁垂涎三尺:"哎哟,要是寡人宫殿里也有一头金牛,那该多好啊!"

秦王见他已经上钩,便拍拍胸脯:"好吧,寡人送你一头!你赶快派人来取吧!"

蜀王感激不尽,尽管双手空空,还为了面子让手下人抬来一口箱子,说是回赠秦王一箱宝贝。于是双方行礼如仪,分道归国。

秦王回到咸阳宫廷,打开蜀王送的那口箱子,看看里面装的究竟是蜀国产的什么宝贝。谁知箱子一打开,就大失所望,发现里面并不是珍珠玛瑙,竟然全是泥土,秦王气得吹胡子瞪眼睛。可是大臣们却纷纷给秦王贺喜,说那是获得全蜀土地的预兆!

◎ 混元殿后

不久,蜀国使臣来向秦王禀告:"小臣奉蜀王之命,前来查看金牛,顺便将它牵回去。"秦王笑着说:"那是一头茅房大小的石头牛,又不会走路,你怎么个牵法?要运回你们蜀国,必须花上一年半载,专门修一条能够通车的宽大山路,用特制的大车和几百个劳力来拉。不然的话,你们只能望牛兴叹!"

使臣不大相信,要求先看看金牛,秦王同意了。

秦王让使臣参观金牛,使臣眼睛近视,远远看见那条石头牛果然又高又大,估计重量有好几吨,若用板车来拉,确实需要专门设计一种大型的坚固板车,而且真得在秦岭上新修一条车路,否则这牛就到不了蜀国。

正思考时,维护金牛的役隶大叫起来——"吐金子啦!"

只听得"咣啷"一声响,从牛后面掉下几坨大金块。使臣快步上前捡起来看,又放在嘴里咬了几下,证明金子是足赤。他便问役隶那牛多长时间吐金一次,役隶回答说不准,有时一连几天,天天都吐,有时十天半月才吐一回。使臣点点头,表示满意,心想就是三个月吐一次,也比岷江淘金的产量高出几百倍,这牛非弄回去不可!

使臣回到蜀国,极力建议赶快兴修一条运回金牛的大路。财迷心窍的蜀王,立即派五丁主持修路工程,在全国征集劳动力,以最快的速度,开创一条打通秦岭的蜀道。

年复一年,那条"金牛道"真的修好了。石牛也费尽精力运到成都来了,可是很长时间始终不肯吐金。蜀王气呼呼地问秦国使臣:这是怎么回事?使臣轻描淡写地说,可能是牛儿水土不服,请再耐心等等看。

修好的金牛道,实际上给秦军伐蜀创造了优越条件。因为伐蜀的最大困难,是"蜀道难,难于上青天",现在有了这一条"金牛道",蜀道就根本不难走了。

昏庸的蜀王想不到大批秦兵,突然兵临城下,竟如从天而降。最后,他得到的是兵败被杀的下场。

秦王用这种低级的圈套占领了蜀国,广大蜀民根本不服——古老的蜀国,虽然保守闭塞,可是千百万蜀民既劲勇,又忠诚,有着强大的向心力。

秦王想彻底消灭蜀王开明氏的影响，可不是一件简单的事。出于无奈，秦王只好找了一个开明氏的子孙，担任蜀侯，表面上保持着蜀国政权，以安蜀民之心，免遭反叛；同时又把随军征战的青年将领张若，提升为蜀国守，掌握蜀国的大政实权。

可是那个蜀侯并不甘心当傀儡，天天都在准备造反，结果被张若发现，强力镇压下去。于是秦王又找了一个开明氏子孙担任蜀侯，不久发现这个蜀侯也想造反，只能接着再另立一个。这样折腾了半个世纪，换了四任蜀侯，又从秦国迁移来一万家富户，在蜀人之间掺进一点沙子，才总算把局势稳定下来。这时，古老的蜀国，才真正变成秦国的蜀郡，而张若也从那个不伦不类的"国守"，正式成为蜀郡守。

历史舞台演出的这一幕幕悲喜剧，源头就是那石头金牛，虽然蜀国已经灭亡多年，那头石牛却依然健在。张若为了城防起见，在公元前311年，即秦惠文王更元十四年，给成都修建了高大的城墙，还将城区一分为二，东边是大城，西边是少城。少城西南的城门，便叫作石牛门，因为当年秦国运来的金牛，此时仍待在那里。

张若的继任者，是一位十分伟大的人物，那就是创造都江堰的李冰。李冰改变了张若多年来采取的高压政策，一方面尊重蜀人的风俗习惯，团结当地不同民族、不同部落；一方面极力维护民生，尽量为老百姓办好事、谋福利。在都江堰建成之后，引来岷江水源，既可灌溉农田，又可漂木行舟，还改变了生态环境，使广大原野上流水潺潺，绿苗如绣，大大提升了蜀人的生活质量。

成都南边新开了两条江，称为郫江和流江，是引水的主干道，现在通通叫作锦江。因为江很宽，要行船，如果没有桥的话，民众出行就十分困难，于是李冰一口气在两条江上修了七座桥，平面形状好像天上的北斗七星——这一措施，尤其受人赞誉。其中通行人数最多的是一座"市桥"，因为靠近商贸市场，恰恰就在石牛门外。

提到商贸市场，不能不想到古老的青羊肆，它基本上就在这市场区域内。暌别多年，这一曾经播放出道教文化佳话的历史古迹，它还好吗？

　　李冰是人情味很浓厚的领导者，非常尊重蜀民崇拜水神的习俗。比如他在岷江上游勘察时，就专门建立了三座神祠，供氐羌民族祭祀水神。蜀人认为犀牛可以镇水，他就在都江堰到成都的江边，建立起不下五具石牛，并在成都石牛门那里也安置了一具。从他这些政治表现来看，青羊肆故址的保护，自然是不成问题了。

　　时轮流转到东汉，张天师建立了早期道教，成都从而有了玉局治和玉局观。而青羊肆那里，从西汉时起，也有了所谓的"青羊观"。这一名称，宋代的《太平寰宇记》有过记录，所以并非虚构。其实，青羊观并不是什么道教宫观，因为西汉那时并没有道教，所谓"观"不过是一种纪念性的建筑物，比如高大的土台之类。当时的档案早已散失，至今已不知其详。推想青羊观大概是之后降生台的前身，后来又有了说法台，形成双台。道教建立后，周围可能修建起一些修道的靖庐，成为一个带纪念性质的宗教区。

　　汉代以后，接着是魏晋六朝。在南北朝后期，西蜀受北朝政权统治，道佛两家经常发生争论。到了北周武帝执政期间，道教渐渐占了上风，成都的青羊观是否改为道观，因文献缺失，不得而知。隋文帝杨坚接过北周政权，建立隋朝，结束了南北朝分割对峙的局面，迎来了全国大一统。杨坚本来倾向道教，公元583年，即开皇三年，他在道场上见到老子的画像，心中更加生出由衷的崇信。他觉得蜀地是个天府之国，不能不特别重视，于是封儿子杨秀为蜀王，驻扎在成都。杨秀对道教的崇信，也不亚于其父，他一上任就把所有道观进行一次彻底修缮。由于玉局化中心已经建立了玉局观，所以在其附近的青羊观正式建成道观，可能性并不是很大。

　　隋代历时不长，公元618年，即唐武德元年，李渊建立了大唐政权，成为唐高祖。由于老君姓李，他认祖归宗，对道教十分崇敬。他曾亲自祭拜楼观台的老子祠，下诏更名为"宗圣祠"；还派遣道士到高丽国去讲解《道德经》，后来高丽国又派人前来留学，学习道法。这时的青羊观，在大唐政权的灿烂光环下，就有可能建成正式的道观了。因为在唐代文献中，它有一个"玄中观"的旧名，说明观里已有道士住持，不再是围绕着两个古台的散乱建筑，体现了《道德经》所谓"玄之又玄"、"不如守中"

的内涵。

青羊肆十分有幸，名字越来越高雅脱俗。汉代的青羊观，显得古旧质朴；唐时称为玄中观，才从文化上回归到圣教。但在晚唐的一段短暂时期里，它还曾被人称做龙神庙。在这一历程中，成都城也悄悄地变大、变盛，取得了"扬一益二"的美誉。

老君符命授唐皇

南北朝是个十六国割据的时代,是标准的天下大乱。隋文帝在北朝扫平周边邦国的基础上,南征北战,逐步统一了全国,于是连续300年的四方混战得以结束,老百姓得到暂时的休养生息,社会上也出现了空前的繁荣。

可是好景不长,隋炀帝杨广继位后,骄奢淫逸的作风扩张到了极点。他无休止地消耗民力进行各种建设,连续征战满足他好大喜功的野心。虽然修成了大运河,造成了华丽的宫殿,他却一而再、再而三地坐龙舟下江南,吃喝玩乐,骚扰当地官员和百姓,满足自己无休无止的欲望。这等于给了那些贪官污吏剥削民众、强取豪夺的机会,造成民不聊生的局面。老百姓生活在水深火热之中,实在无法忍耐下去,于是一时间从北到南,逼上梁山的民众纷纷起义反抗;有些朝官也积极响应,到处燃烧起反抗的熊熊火焰。

隋代末年,刀兵四起,起义首领称帝改元的,就有魏地李密、楚地林士弘、雁门刘武周、梁地梁师都、夏地窦建德、秦地薛举、凉地李轨等人。那时官居太原留守的李渊,手中握有武力资源,就在次子李世民的辅助下起兵反隋,进入关中。他对外与突厥可汗讲和,以解除后顾之忧;对内开仓赈济贫民,得到广大民众的拥护。他的主力军顺利地攻入长安,立即宣布废除隋炀帝的苛法,然后取代了隋政权,称帝改元,建立起盛大的唐朝。

那时,社会上有许多古怪的传言,多半是预言未来的政治变化。早在隋政权建立之前的公元570年,即北周天和五年,闰十月,蜀郡道士卫元嵩就曾作过一首预言诗:"戌亥君臣乱,子丑破城隍;寅卯如欲定,龙蛇伏四方。十八成男子,洪水主刀旁;市朝义归政,人宁俱不荒。人言有恒性,也复道非常；为君好思量，何□□禹汤。桃源花□□，李树起堂堂；只看寅卯岁，深水没黄杨。"

这诗中含有非常简单的字谜，稍通文墨的人都不难猜出来。比如"十八成男子"，明显是个"李"字，现在人们还戏称姓李的为"十八子"；而"洪水主刀旁"，应该就是"渊"字。"李树起"和"没黄杨"，则明指隋朝将灭，李氏称帝。

同一时期，楼观道士岐晖也作过一些预测。公元611年，即隋大业七年，隋炀帝御驾征辽，岐晖就对弟子们说："天道将改，不过几年了。"有弟子问："不知来者如何？"他答道："当有老君子孙治世。此后吾教大兴，但恐怕微躯不能久保哇！"

相传公元617年，即大业十三年，老君降临于终南山，告诉山人李淳风"唐公受命之符"。茅山道士王远知也专门向李渊密告符命："汝必将得天下。"李渊得到了老君的信息，有恃无恐地当上了唐高祖。

唐朝政权建立之后，李渊对老君特别崇敬，那倒不仅仅因为与老君同姓之故，还有其他实质性的缘由。相传李渊在霍邑将与隋将宋老生决战时，雨下得特别大，妨害行军，以致双方对峙，胜败难分。忽有一个白衣野老，特地来拜谒唐公，自称是霍太山神派遣来的。李渊不大相信，便开玩笑说："神本不测，你老先生怎么能够见到？老先生又不是神类，怎么懂得神的话语？"野老回答说："正因为我专门管理山祠，有机会在山中听到山神说话。有一天，山神的几句话讲得特别清楚，'告诉大唐皇帝：若往霍邑，宜向东南傍山取路。八月初雨会停止，我当助帝破兵，那时可要为吾立个大祠哦！'"李渊笑着说："山神告诉我这条行军路线，倒可以考虑试一试。如果八月初真的雨霁，我就信服山神的话，一定修个大庙，决不食言。"野老走后，李渊还与左右将领谈起这件可笑的事，戏称之为齐东野语。谁知到了八月己卯日，大雨果然停止，于是按东南傍山的道路进兵，居然斩了宋老生，平定了霍邑。

后来又出现了一桩奇事。绛州人吉善行，在羊角山遇到一位老人，骑着白马，须发皓白。老人对善行说："替我告诉唐天子李渊，现在他得到了

帝位，为了社稷延长，应该在长安城东修宫观而设道像，则天下可以太平矣。"言讫，腾空而去。善行通过秦王李世民引见，将此事上奏唐高祖李渊。李渊大为高兴，立即封善行为朝散大夫，同时让通事舍人柳宪在羊角山新修"兴唐观"，还把那个县改为"神仙县"，而羊角山也改称为"龙角山"。

再后来，善行来到那个道庙参观时，居然又见到那位老人，便上前请教姓名。老人答道："我是无上神仙，姓李，字伯阳，是皇帝的祖先。亳州谷阳县有棵枯桧树，现在再生了，可以为验。今年平贼后便天下太平了，唐朝享国相当长远。"——这几句话非常关键，因为南北朝和隋朝寿命都很短暂，能够"享国长远"，在那段时期，人们根本无法想象。

范祖禹《唐鉴》上记录了这件事：公元620年，即唐武德三年五月，"晋州人吉善行自言于羊角山见白衣老父"；唐高祖下诏在其地立庙。那段时期，李世民正与刘武周的部将宋金刚对战。公元622年，即唐武德五年，"老君再降于庙所，告以破贼之期"；后来果真打败了刘武周。《唐鉴》是正规的史书，所记录的都实有其事，并非虚构。

正因为老君几次化为老叟，给李渊父子传达过重要信息，因而两代唐帝特别重道。青羊宫里专门建有紫金台，俗称唐王殿，就基于这些渊源。在那座殿宇里，正面塑造了李渊夫妇和其子李世民的像，连当时打天下的功臣，也在两侧塑像相陪，享受香火。

锦江出现老君像

《道教灵验记》里有一段《玉局化玉像老君应梦验》的故事。说的是天宝年间,有人看见玉局观前的锦江中夜里忽然放光。那光不同一般,好像有根光柱从水里钻出来,上升到空中有七八尺高,上红下白,末端似乎还冒着烟,比现代城市里的彩色喷泉还要壮观。当时附近许多人都看到这种奇景,认为光从水里出来,可能是水底下隐藏着宝物所致。

第二天白天,那些眼见者纷纷聚集到江边,七嘴八舌地议论,肯定江中有宝,应该赶快打捞。最好推举一个人承头,组织这次打捞宝物的行动。那么谁来承头呢?现成就有!因为附近有家富户,有钱有势,户主又好表现,承头淘江,非他莫属。大家商量了一阵,便一起前往他家,说明来意。这个富户也听说了这件怪事,慨然答应负责淘江。可是他拿出一本账册来,说要把热心参与者的姓名登记在册,明确大家都是股东,如果捞到宝物,变卖成钱,扣除他所支付的成本费用,剩下的大家平分。不过,如果宝物并不值钱,抵偿不了成本,也不能让他一个人赔,大家都得掏钱。

他这个精明的算盘,本来打得合情合理,但众人都摇头不同意,齐声说我们找到你,就因为你老急公好义、慷慨大方、仗义疏财,而且家道殷实,当得起风险;不然的话,你又没有亲眼看到江里宝物放光,全靠我们提供这一好消息,凭什么让你承头?说来说去,就想靠着他这棵大树。

如此讨价还价,商量到最后,富户同意承担损失,众人不负责风险赔偿,但是捞到宝物有了收益,富户得拿六成,众人只分四成。于是皆大欢喜,写好合同,立好账册。

次日一早,富户便找到四个水性特好的壮工,讲好报酬条件,请他们

先在江水发光的位置，下水打探深浅，然后再潜入江中捞摸。哪里知道却是水中捞月，一连捞了四天，什么宝物也没有捞到，只捉到几条大鱼。富户只好自认晦气，给四个工人发了一笔酒钱，怏怏地结束了这场闹剧。

不久，唐明皇坐了龙庭。这位聪明的皇帝，一开头倒是励精图治，恢复了唐太宗李世民时期政治清明的景象，史称"开元盛世"，相当于第二个"贞观之治"。那时天下太平，人民富足，官家仓库里堆的铜钱用不完，一串连着一串地在锈烂，即使丢在马路上也没有人要。

可是后来的唐明皇骄奢放纵起来——自从改元天宝之后，他宠幸无知的杨贵妃，提拔无赖的杨国忠，对野心家安禄山丝毫没有警惕心，以致埋伏很久的政治火药桶突然爆发。公元756年，即唐天宝十五年，安禄山举兵造反，把唐明皇打得个措手不及，叛军很快冲进长安，唐明皇带着杨贵妃匆忙向西蜀奔逃。一路上天怒人怨，将要离开陕西地界时士兵哗变，杨

◎ 新刻貔貅

贵妃成为替罪羊，只好在马嵬坡自缢，以平息士兵的怨气。不过日本人却有个离奇的传说——原来杨贵妃并没有死，缢死的是杨贵妃的替身，她本人连夜化装出逃，辗转进入长江，坐船直奔东海，然后到达日本，最后当上了日本的嵯峨天皇。

再说唐明皇逃到成都，身边只有几十个宫女为伴，凄凄切切，经常做梦。有一天夜里，他梦见有尊老君玉像在锦江水中，闪闪发光，醒来之后便告诉左右侍从。侍从们早就听说以前有过淘江的举动，便添油加醋讲给皇上听，解解愁闷。唐明皇表示要亲自去看看那个地方，究竟有没有可能潜藏宝物。那时的皇帝，随便讲一句话都算"圣旨"，这一下子就惊动了地方官府，赶紧打扫道路，清洗树木，又叫沿途居民，每家每户在家门口摆好案桌，设置香花，以便迎接御驾。

唐明皇来到锦江边的那天，四处锣鼓喧天，鞭炮齐鸣，热闹非凡。全城民众几乎是倾巢而出，纷纷跪地观看皇帝的龙颜。弄得唐明皇无心观景，光是接受大小官员的叩拜，就令他心烦意乱。于是他匆匆忙忙再口述一道圣旨——抓紧找人在江中打捞老君玉像！

圣旨一下，谁敢不遵？这回地方官不能不认真使劲，当天夜里就派人守住江边，小心察看，如果有什么动静，赶快给官员报告。那些官员也不敢上床，个个端坐官署，等待信息。果然不到半夜，守夜士卒就见到江中升起了一道神光。官员接到报告，也跟跟跄跄奔到江边，立刻安排潜水员抓紧下水，结果是意想不到的顺利，随即打捞出一件晶莹光洁的老君玉像，有一尺多高，圆润异常，看上去好像是天宫里的东西，根本不像人工刻制。官员们下令：连夜制作宝盒，加以包装，准备第二天一早，就送到皇帝行宫。

再说当天唐明皇回到行宫，愈加闷闷不乐，倒头就睡，一直睡到第二天清早，才被吹吹打打的音乐声吵醒。侍从们向皇上报告这个特大喜讯——圣祖的玉像，已经连夜从锦江中请了出来，现在正准备奉献御览。明皇一听，这才龙颜大悦，一骨碌从象牙床上爬了起来，穿袍戴冠，迎接圣像。

　　这尊老君玉像，随即供奉在玉局观中华丽的太清宫内，直到前蜀主王建大修皇宫，拆迁玉局观里的房屋为止。后来玉像往老君故迹迁移，当时玄中观已经改成青羊宫，便安置在这一宫观的紫金台上，据说是在青羊肆那个老地方。

酒贩承诺修宫庙

初唐时期,古老的青羊肆那里有了玄中观,比起附近的玉局观来,显然有些逊色。后来经过中唐时期"安史之乱"后,几个世纪没有得到维修,殿宇逐渐破败,墙垣逐渐颓废,香火逐渐冷落,那一带地方也变得荒凉起来。当围墙倒塌以后,道门中人虽然及时给官府打了报告,可是犹如石沉大海,无人问津。道门自身无力修缮,只好听之任之。附近居民,慢慢进入庙区种菜,道人也未干涉,于是殿宇四周渐渐变成菜园。不过远离菜地的深处,那一片茂密的竹林,依然如故,旁边有一株十多丈高的千年古松,

◎ 中庭

直径达到三四尺,十分挺拔,成为古老青羊肆的一个历史性标志。

再往后,庙地一块一块慢慢变成私产,有些人家盖上茅草房,在那一带安家落户。这时有个本地人杨玫,是个流动商贩,在贸易市场上做买卖,由于这里离市场很近,无论进货、存货,生活起居,都比较方便,便想方设法买了三间草房,住了下来。在他买这所房子的时候,周围邻居慎重地告诉他:那棵大松树和那片竹林,都是神圣的所在,树下和林中,绝对不能乱倒垃圾、粪便,你家住得与松树和竹林最近,希望你尽点义务,好好守护这块地方,不要让闲杂人等进来亵渎。杨玫慨然允诺,牢记了这些告诫,如有人想把垃圾秽物倒进来,他总是大力劝阻,长时间尽职尽责。

有一天生意比较忙,杨玫回来很晚,走近竹林时天色已相当昏暗了。他抬头看见一位老人,正坐在竹林边上,觉得十分奇怪。心想这老人是不是迷了路、受了伤,这么晚了,怎么还在荒僻之处不想回家。于是上前行礼问讯。

老人见他人很真诚,便请他在身旁坐下,说自己没有什么难处,但是要告诉他一些心腹之言。杨玫顺从地近前,蹲坐在老人身边。只见老人打了一个手势,说他能预测未来,大约十年之后,此地会忽然热闹起来,那时你在这里住,就不大合适了,应该早打主意才好。

杨玫感谢老人对他的关心,说:"我现在生意一天天好起来,这里离市场最近,实在舍不得搬走。不知老先生住在哪里?是不是也在附近,也想搬家?"

老人笑了起来:"我从前就住在这里,现在却想在这里修间大房子,好休息休息,省得来回折腾。这件事可要靠你,你来帮我修这座房子。"

杨玫跪了下来:"原来您老是这里的老住户!此地非常清静,是该弄个房子休息才好。不过我太穷了,拿不出钱来帮你修房,出点力气倒是可以。"

只见老人笑嘻嘻地站起身来,往竹林里走了几步,用手里拿的竹杖敲打着一块地面,对杨玫说:"看这儿,地底下埋着不少金子,足够你修好几间楼阁。我知道你穷,哪会花你的钱?等一会儿,你把金子挖出来,只管

帮我修建就是,可不要偷工减料啊!楼上的栏杆,也得修周全、修漂亮。用不完的金子,你就拿到外面去买间新房,赶紧搬走。千万不要对任何人讲这些事呀!"

杨玫听了十分兴奋,谢了老人,便抓紧回家去拿挖土工具,想趁天没黑尽,把金子挖出来藏好,却忘记动问这位老人的姓名。等再到竹林里时,老人已经离开了,他心中有点懊悔,也不知老人姓甚名谁,将来如何报答。于是抱着试一试的心理,把老人所指的地方泥土挖开,谁知这事并不困难,只挖了两尺多深,就挖出一个大瓷瓶,下面垫着一层砖,瓶子里面真的藏有三四十两金子,这可是一笔大财产!

杨玫把金子取将出来,再把瓶子放在大松树底下,安排妥帖。第二天他就不做生意了,直接去找泥水匠、木匠、瓦匠,设计殿宇,购买材料,抓紧施工。最后在那里修成一座有16根柱子支撑的宫观。

后来他想,听人说这里叫作龙神庙,老人也许就是一位龙神吧?姑且把新修的宫观还叫作龙神庙。不过他觉得没有把握,所以那庙里的粉壁上留下一片空白,不敢绘画。

庙宇修好以后,杨玫应约离开古青羊肆那块地方,去到彭州安家,卖酒为业,最终发了大财。

到了公元876年,即晚唐乾符三年,杨玫年岁也大了,龙神庙那里的地产,他准备出卖。结果在度支院任职的陈评事,把他的庙宇和房屋买了去。过了两年,陈评事随同高骈调往江陵,又把这块地产买给军人兰肇。公元881年,即唐中和元年,唐僖宗逃到蜀地,才打听到,这里原来是老玄中观的所在地!

竹隐灵砖祝太平

圣迹仙宗青羊宫

两代唐皇青羊缘

在中国历史上，唐玄宗李隆基可说是处于矛盾旋涡中的人物。

他一方面听信姚崇、宋璟、张九龄、张说等贤相，创造出早期辉煌的"开元盛世"；一方面又任用李林甫、杨国忠等奸相，制造出晚期长年兵戈的"安史之乱"，把大唐帝国带往下坡路。他不能算昏君，55岁以前，他英明果断，任人唯贤，勤劳国政，开疆拓土；但他又不能算明君，55岁以后，他耽于声色，怠于政事，远离君子，纵容小人。他的功和过都十分鲜明，史册中非常罕见。

可是唐玄宗却是个道教的狂热崇拜者——特别崇拜与他同为李姓的太上老君，尊之为"玄元皇帝"。他在即位后的第十年，即公元722年，就下诏要求天下诸州至少要修玄元皇帝庙一座，里面铸设太上老君的铜像。这道命令，后来还重复过好几次。公元737年，即开元二十五年，他在推崇道教为国教的基础上，刻印道家经典《老》、《庄》、《文》、《列》颁发天下，并将其纳入科举考试体系，还专门设置了"玄学"博士，指导国子生学习。他又亲手注解《道德经》，与众臣讨论，反复修改定稿，然后建立经幢，刊刻在上面，而且在宫中讲论过许多次。由于发现了"灵宝符"，他便将"开元"年号改为"天宝"，就在公元742年，即天宝元年，二月，他再次下诏，给各位道家圣贤戴上"真人"的桂冠，改称《庄子》为《南华真经》，《文子》为《通玄真经》，《列子》为《冲虚真经》，《庚桑子》为《洞虚真经》。他又曾多次拜谒玄元皇帝庙，并一再给玄元皇帝封赠尊号。两年后长安太清宫建成，他派了两个人到太白山开采汉白玉，雕刻成两丈多高的老君石像，又把他自己的像雕刻成小一点的，侍立在老君像的右边，两个石像都穿着王者衮冕之服，缯彩珠玉，十分华贵。公元754年，即唐天宝

十三年二月,他亲自去朝献太清宫,给老君加上新的十五字尊号:大圣祖高上大道金阙玄元天皇大帝。同时大量制作玄元皇帝的图像,分发到全国各个州郡。由于唐玄宗精通音乐,他还主持设立了道教音乐团,称为"梨园",制作出大量道家曲调,并亲自指挥排练——他为弘扬道教文化,确实作出了不少贡献。

就在玄宗大唱太平歌的时候,定时炸弹爆发了。公元756年,即唐天宝十五年七月,安禄山在范阳起兵造反,十分猖獗。接近一周后,唐玄宗才得到消息,连忙派特进毕思琛往东都洛阳募兵防守。但安军似乎没有遇上多大抵抗,同年十二月就攻进了洛阳。次年元旦,安禄山在洛阳称大燕皇帝,与大唐政权唱起了对台戏。这时潼关是保卫京师的重要防线,气急败坏的玄宗,处罚了他认为不得力的官员,任命哥舒翰为统帅,镇守潼关,屏障京师。在万分紧迫的情势下,潼关本应凭险固守,但玄宗急于平叛,迫使

◎ 三清殿

哥舒翰领20万大军出战，结果战略战术上皆有失误，唐军遭遇失败而溃散。潼关一破，都城长安直接暴露在敌军面前，眼看就要失陷。在十万火急的情况下，玄宗不得不在六月十三日凌晨逃离长安，那时他已经72岁。

唐军匆忙拥着玄宗前行，到了马嵬坡（今陕西兴平西北），途中将士怨声载道，不肯前进。龙武大将军陈玄礼代表诸军向皇帝请愿，要求追究杨国忠一家人的政治责任。在兵变中，杨国忠首先被乱刀砍死，玄宗只好命令高力士处死杨贵妃，以安抚军心，六军这才继续进发。原先入蜀避难是杨国忠的主意，现在出主意的人成了反面人物，究竟该不该再到蜀中去成为一大难题。此时谋臣们七嘴八舌，有的建议去灵武，有的建议回京师，也有人建议去太原，莫衷一是。可是韦谔的建议比较符合实际，他说现在兵少，回京师根本没有条件，不如先到扶风，再作打算。扶风就是今天的陕西凤翔，位于马嵬驿的西边；这个地方往北可达朔方，往南可以入蜀，颇有回旋余地。

本来玄宗之子——46岁的太子李亨，已被任命为天下兵马大元帅，在行进方案定下来之后，就要跟随玄宗一行人动身前进。这时，当地的父老乡亲，把这位太子团团围住，声称："我们愿带子弟们随从殿下东进平叛，夺取长安。如果殿下与皇上都前往蜀地，中原百姓让谁来管？"一时人数越聚越多，不到一会儿，竟然来了好几千人。李亨在群众包围中，犹豫不决。

这时，李亨身边的宦官李辅国、他的儿子建宁王李倓都来劝说："大好河山现已分崩离析。如果殿下不顺应民心，赶紧组织人马平叛，哪有兴复皇朝的希望？如果殿下和皇上一起入蜀，万一叛军烧绝栈道，便失去了退路，西蜀就成为封闭的王国，从此朝廷就只能蜗居在西蜀了。中原的大好河山，谁来收拾？还不如赶紧前往灵武，调集西北边军，再把郭子仪和李光弼从河北战场召回，一起讨伐叛逆，收复两京；那时把皇上迎回，才算最大的孝道。怎能像百姓人家的小儿女，依恋在父母身边呢？"同时，那些百姓们也纷纷要求太子留下，于是父子二人便分道扬镳了。

唐玄宗到了扶风，得知太子李亨已经转向灵武，明白了他们的意图，便决定直接入蜀。《杨妃外传》说：玄宗往西南前行时，初入斜谷，步入艰难的蜀道，遇到连续十多天的霖雨，在栈道风雨声中听见雨打皇銮金铃的铃声，那声音与山谷相应，分外凄凉，使古稀之年的他百感交集，倍加思念贵妃，怀念故土，于是根据铃声制作了一首《雨霖铃》曲。当时梨园子弟随行的只有张野狐一人，此人善吹筚篥，于是按曲吹奏了一番，闻听的人无不垂泪。

接着，入蜀大队络绎而行，穿越栈道，到达利州，那里就是现在的四川广元，本是武则天的老家。玄宗抬头远望，只见烟雾朦胧中的益昌县山梁上，忽然出现了他最崇拜的太上老君，骑着白鹿，在云中走过，并且对他打了个手势，表示收服安禄山只是早晚的事。玄宗本来闷闷不乐，见此吉兆，稍稍释怀，便在县里住了下来，命当地道士做了几天罗天大醮。

随后，大队人马往梓潼前进，到了七曲山那座大庙。那里原是纪念晋代抗秦英雄张亚子的祠庙，玄宗便暂时在庙中住宿。当晚他做了一个梦，梦见张亚子告诉他："你已经当太上皇了。"其实，这是日有所思，夜有所梦。他估计李亨到了灵武，身边的人必然会让他即皇帝位，好享受荣华富贵，他这个老皇帝当然就是太上皇了。不过从好的方面来看，太子继了位，会产生一定的号召力，对消灭叛军是有利的。果然，太子李亨到了灵武，就被身边谋臣们怂恿登基，真的尊玄宗为太上皇，并且改年号为"至德"；后来的讯息，完全证实了梦中张亚子的话。第二天，玄宗下令隆重祭祀张亚子，并追封他为左丞相。因此，现在七曲山上还保留着"应梦仙台"的遗迹。

唐玄宗大队过了梓潼，向绵州而来，远远看见一位仙风道骨的道士前来接驾。玄宗抬头一望，认得是老朋友罗公远，不禁激动异常。此人又名思远，彭州九陇（今四川彭州）人，长期筑室修炼于漓沅治中，经常往来于青城、罗江之间。以前他来到长安，常在皇宫中出入，有时受命除祟驱妖，召龙致雨，都得到相当灵验的结果；对于朝廷政事，也经常以微言规劝，有时还要献计献策。他有一种隐形之术，玄宗想跟他学，他摇头说："陛下是四海之尊，岂可轻信小术？那不过是一种魔术而已，并非大道。"这一回答使玄宗龙心大悦，因而问起治国之道来。他便用简单的两句话回答："圣人之道在心，不在他求！"如此超凡脱俗的蜀中高道，居然在患难

中见到,当然使玄宗十分兴奋。

罗公远声称远道在此迎接皇驾,准备一路护送陛下安全抵达成都,这使玄宗更加高兴,一路上与他谈了许多心里话。当到达成都城时,罗公远送给玄宗一个小包,说里面装的是仙药,然后头也不回地拂衣而去,表示毫无名利上的贪恋。等到玄宗到达成都,在行宫里住下,然后打开小包,发现他送给自己的东西,不过是蜀地出产的普通中药当归。后来叛乱稍平,玄宗回到长安,才明白了"当归"的意思——应当回归故土。

玄宗在成都住了接近一年,改称成都为"南京",与洛阳称"东京"、长安称"西京"相配;同时,他也为道教办了不少好事。值得一提的是大修青羊肆古迹,使之成为名副其实的玄中观,楼台殿阁建设得琳琅满目。其次是封灌口二郎赵昱为赤城王,还在现在的都江堰那里修建宫殿。

据韩国金富轼《三国史记》所载:公元756年,新罗国景德王十五年时,国王听说玄宗在蜀,便远道遣使入唐,带着礼品专门朝贡。新罗使臣从东海航行多日,在江淮一带登陆,然后辗转溯江前来成都,行朝贡之礼,使玄宗十分感动,于是亲手书写了自作的五言古诗表示答谢,其中有"诚矣天其鉴"、"风霜恒不渝"等诗句。

当时,诗人李白写了《上皇西巡南京歌》十首,讲了许多关于长安与成都对比的话,比来比去还是成都好,主要内容是在精神上安慰玄宗。比如下面几首:

九天开出一成都,万户千门入画图。草树云山如锦绣,秦川得及此间无?

谁道君王行路难?六龙西幸万人欢。地转锦江成渭水,天回玉垒作长安。

秦开蜀道置金牛,汉水元通星汉流。天子一行遗圣迹,锦城长作帝王州。

水绿天青不起尘,风光和暖胜三秦。万国烟花随玉辇,西来添作锦江春。

玄宗怎能想到，124 年后，他的裔孙僖宗还要重复走他这条逃亡之路，而且处境比他更加凄凉，分外悲惨。

唐僖宗名叫李儇，从小由宦官田令孜照看长大，即位时年仅 12 岁，是个只知道吃喝玩乐的花花公子。他当上皇帝之后，便称田令孜为"阿父"，把大臣送来的奏章，一概交给宦官田令孜等人处理。田令孜大权独揽，颐指气使，贪得无厌，横征暴敛，加上各地天灾频发，弄得普天之下民不聊生。

绝不要认为僖宗是个笨蛋，其实他相当精明，特别是打起马球来，技艺更是高超。有一回，他对身边的优伶石野猪说："如果我参加击球进士科考试，完全能中个状元。"石野猪语重心长地回答："可是，如果让尧舜担任礼部侍郎来主考，恐怕陛下便会落选！"

就在僖宗继位两年后的公元 875 年，即唐乾符二年，曹州冤句（今山东菏泽）人黄巢率领数千人起义。短短三年，黄巢便成为各路起义军的领袖，号称冲天大将军，势力迅速壮大。各地州县瞒报实情，地方节度使拥兵自保，使黄巢大军顺利南下，进占浙东，突入福建，攻克广州，然后挥师北上，攻入潭州，直下江陵，逼近中原。僖宗虽然觉得事态严重，但并没有停止寻欢作乐。公元 880 年，即唐广明元年十一月，黄巢军攻下洛阳；十二月又轻易地占领潼关，逼近京师长安。负责京师安全的武装力量，是由田令孜控制的神策军，平时作为装饰品，毫无战斗经验，与黄巢军对阵时一触即溃。宰相卢携当即自杀；僖宗君臣束手无策，只有相向哭泣。

十二月初五那天凌晨，田令孜见大事不妙，连忙率五百名神策军，带着 18 岁的僖宗和少数宗室，从金光门仓皇出城，逃离京师长安。天亮后，有些老实的朝臣照样进宫上朝，这才发现皇帝已在一个时辰以前弃城而去。

僖宗前脚才走，黄巢的大部队就进了长安。好在黄巢忙于在长安称帝建都，并不急于追赶僖宗，这才让那些逃兵有了喘息的时机。僖宗一行先从凤翔（今陕西凤翔）狼狈不堪地逃到兴元（今陕西汉中）。这时，西川节度使陈敬瑄，要求皇帝还是照老规矩到成都避难，于是这队人马便向成都进发。次年六月，僖宗一行颠沛流离，总算到达了蜀中首府成都，陈敬瑄

敲锣打鼓地把皇帝接进锦城。

这一回逃难，可就怪不得杨贵妃了！诗人罗隐有一首《帝幸蜀》的诗，酸溜溜地表达了这一层意思："马嵬烟柳正依依，又见銮舆幸蜀归。泉下阿蛮应有语，这回休更冤杨妃！"阿蛮本是杨贵妃的小名。

僖宗在成都住下，宣布将"广明二年"改年号为"中和元年"，好沾点新鲜气。他一共在成都待了将近四年，比他老祖宗唐玄宗长了一倍还多。

在此期间，凤翔节度使郑畋，得到僖宗任命他为京师四面行营都统的命令，有了"便宜从事"的权力，于是积极围攻在长安享受帝王之乐的黄巢。义武镇节度使王处存、河中节度使王重荣等人也对黄巢军发动进攻；沙陀族的李克用积极率兵入援；此时黄巢军内部发生分化，形势渐渐发生了逆转。黄巢派驻华州的防御使朱温，在公元882年，即唐中和二年九月投降唐军。两年后，黄巢兵败自杀，一场起义之火不到十年便遭扑灭，可是大唐帝国的寿命也快终结了。

美妙砖篆僖宗喜

唐僖宗进入成都城时，这个城市比起京师长安来，规模确实要小得多。隋代初年，蜀王杨秀扩大了秦汉城区南面和西面以后，整个城墙的周长也不过十里，如果按照方形来算，每边只有三里多。公元876年，即唐僖宗乾符三年，西川节度使高骈将城区四面都加以扩大，新修筑的"罗城"，整个城墙的周长也只达到三十六里，平均每边宽度扩充出两倍。通过现代考古发掘，发现唐代长安城的周长就有七十多里，比今天的西安旧城（明清时代的西安城址）大五倍以上。全城分为三个部分，最外边是外郭，中间的北部是皇城，皇城北端的正中则是宫城。成都城与之相比，真是小巫见大巫了。

成都北面的新都，城里有座宝光寺。僖宗入蜀时，先到新都，后到成都。他觉得宝光寺那里环境不错，而且又距成都不远，便下诏利用寺址修建行宫。现在寺院的七佛殿前廊柱下，还保留着当时行宫露台的两个石头柱础，成为著名的文物"僖宗遗础"。

公元882年，即唐中和二年，八月二十九日，僖宗得知成都玄中观是玄元皇帝太上老君的出生地，便派"帝房宗室"李特立，告诉观中住持道士李无为，当天夜里设醮祈真，他要亲自来参拜祖先。这一下子忙坏了地方官吏和道教人士，他们抓紧打扫殿堂和周围环境，陈设香花法器，准备明灯巨烛，安排仪仗銮驾。全城百姓得知信息，无不奔走相告，等天一黑，大家便扶老携幼出来看热闹。

正在僖宗大驾光临，给观中大殿上老君铜像焚香叩拜时，忽然殿外人声嘈杂，原来人们发现在大殿东南的竹林中，有个弹丸大的虹光冉冉升起，而且越来越亮，越来越大。20岁的僖宗本来就是个爱玩爱耍的君王，听到

◎ 三清殿

侍卫报告，就迫不及待地跑去观看，可是等到侍卫赶开黎民，扶着皇帝驾临竹林时，那个虹光已近尾声，只闪了片刻就告熄灭。可是这件奇事，却让僖宗一晚上睡不着觉。

年轻的僖宗，并不相信自己有那么高的德行和本领，真正感动了太上老君，出现灵迹。他想得最多的是，恐怕竹林里埋藏着什么宝贝，所以才发出这种毫光。第二天天一亮，他就下诏，命人在竹林发光的地方挖掘，看看下面究竟埋藏着什么东西。

没有多久，挖宝的工匠就得到了收获，原来土里埋着一匹大古砖，长1.15尺，宽0.74尺，厚0.13至0.18尺，重12斤。上面有许多花纹，中间还有六个古字，大约2寸见方。僖宗赶快召来文臣学士，让他们解读砖上的篆字。这倒不难，几个学士一致认为，那六个字就是"太上平中和灾"。意思十分浅显明白：太上老君帮忙平了中和皇帝的灾。中和皇帝是谁？当然就是僖宗，他的年号就叫"中和"；他的灾是什么？不用说就是黄巢造反；所谓平灾，就是预告黄巢势力会很快镇压下去。这使僖宗感到非常鼓舞欢欣，任何礼物都没有平息叛乱之兆来得更加贵重！

这块宝砖解开了僖宗的心病，使他整天惊喜得手舞足蹈。他想，现在居然真正感动了老祖宗玄元皇帝，准备搭救受苦受难的可怜裔孙了。用什么来报答他老人家的恩情呢？如果再上尊号，太上老君的尊号已经够长的

了,继续再往上加字,将来祭祀的时候念都念不断。最好的办法,是给他老人家修个漂亮的宫殿,再塑造一尊大像。

  僖宗想好了主意,便召集左右谋臣开会,商量了十多天,把一系列诏书起草好,以便行动。

圣迹仙宗青羊宫

青羊宫名从此定

在当年九月十三日,僖宗隆重下诏,将玄中观这个名字改为"青羊宫",从此定名至今。他的这道诏书,很快刻碑立在青羊宫里。一千多年后那块石碑早已不存,可是碑文还在,目前青羊宫已经仿刻建立。唐朝的诏书,基本上都是些华丽的四六骈文,此碑也不例外。

这道诏书里最关键的话,就是"其观可改号青羊宫"八个字,成为古老宫观的丹书铁券。

为了让读者领略唐诏的风采,现将全文语译如下——

朕如今因巡幸到此,灵异的礼物才明白地显示出来:特殊的虹光跳跃于庭前,神灵的符篆申明于树下。那砖含有古色,那字象征吉兆。中和的灾害将平,厚土的祯符乃见。这足以表示上天降佑,圣祖垂祥;必将歼灭大盗的兵戈,永远光耀中兴的事业。

这件事应该传之简册,还要宣示天下,让史官编录进永久的档案。更要把砖上文字拓写下来,告诉地方诸道和军前长官。这座道观可改号为"青羊宫",相应修建一些殿堂。屋子附近原属本观的田地,约有两百亩左右。近来散属的农民,多在那里种植葱蒜;清虚之地,怎么能让蒜气熏蒸?朕已赐钱二百贯,以便命令官员赎买那些菜地;同时给以公证,永远归道观所有。

为此有功的宗室子弟李特立,让他升官;道士李无为已经赐紫衣以表彰;这样的升奖,是为了庆贺灵祥。

节度使陈敬瑄位居大臣,名声在外;正因为他效劳于伟大时代,修心于道德之乡,才使境内平安,地中出宝;因有这些美好表现,应

◎ 殿前石刻

该对他倍加称赞。

既然道观改了新名,基本建设当然也得跟上,因为古老的青羊观经过百余年的风雨,这时已经相当破旧,围墙也倒了,土地也缩了。僖宗的这一决定,使它恢复了生机,立即得到了大兴土木的条件。作为第一步,是恢复原有的土地,把周围群众私自占用的菜地,用200贯钱赎回来,然后修建围墙,重新规划里边宫观的布局。

接着就要进行工程设计,原有的殿堂,哪些破损严重,不能再用,必须马上拆除;哪些需要修理,调换梁柱,必须马上安排;新建的殿堂部分,应该尽快挖基础,安基脚,备石材,购木料,烧砖瓦。这一切环节都需要钱,最后还是要僖宗下旨定夺。

僖宗只有动员节度使陈敬瑄出钱。得到的结果是,预支库钱200万贯,进行维修和新建。有了府库拨款修建青羊宫殿宇,便任命郭遵泰为工程负

责人，利用这笔经费开始施工。那时成都物价很低，开支并不紧张，宫观很快就达到金碧辉煌、美轮美奂的效果。

按照当时文人的描述，青羊宫再造工程进行得十分顺利。西蜀到处都有能工巧匠，经过官府出告示，召人才，便一起聚集到成都来。他们受到了一定的礼遇，无不呈献巧思，绘画妙图。岷山山区多有竹木良材，路程也不远，于是派出采伐队前去选伐，得到的竹木丢进岷江，顺水漂流，通过都江堰干渠，不费大量人力就汇集到成都来。只有石材最为费事，必须用滑车、滑道搬运下山，再抬上车船运到。由于青羊宫建设是皇家第一工程，大家都兢兢业业，认认真真，而且进行得顺顺当当，速度飞快。

完工时的青羊宫，被描写成九重高阁，云蒸霞蔚，好像从地底下涌出一般。大殿的屋角仿佛是凤凰展翅，大殿的横梁似乎是彩虹中段；洁白的粉壁，好像云涂雪抹；丹红的楹柱，犹如洪炉吐火。那些天尊神灵的塑像，无不惟妙惟肖，好像马上要开口讲话；台前的宝鼎香炉，不断吐出芬芳的烟雾；神像周围的帷帐伞盖，好似五颜六色的树林。殿堂四周分布着奇花异草，翠竹苍松；道士们笙箫钟磬之声，简直似天宫中的仙乐。

青羊宫迎来了它的黄金年代。

朋龟骈文美妙极

住在成都的唐僖宗，当得知青城山也是道教名山时，便进一步封青城丈人为"希夷公"，并亲自起草祭文，还命青城山道观举行灵宝道场周天大醮。

公元883年，即唐中和三年，四月，被僖宗重用的李克用，集中兵力与黄巢军在长安激战，迫使黄巢撤出长安，领兵经蓝田、商州向东而去。此时黄巢军名将孟楷攻占蔡州之后，接着又进攻陈州。由于陈州刺史赵犨早有准备，存积粮草，募集勇士，提高了陈州的防御能力，使得孟楷攻城时战死，削弱了黄巢军的实力。随后，许州节度使周岌、武宁节度使时溥、宣武节度使朱全忠（即朱温），都出兵攻击黄巢军。公元884年，即唐中和四年，二月，李克用率蕃、汉兵五万人渡河而东，向陈州进发；又会聚了许、汴、徐、兖各路唐军，攻克黄巢在陈州外围的据点，使陈州解围。当年五月，黄巢军向大梁突进，朱全忠、李克用将其战败，弄得黄巢军余众不足千人，只好退往兖州。六月，黄巢领着少数兵丁来到狼虎谷（今山东莱芜西南），见取胜无望，灰心丧气，自刎而死。

青羊宫古砖的六字灵文，居然兑现了。

僖宗高兴之余，命翰林学士乐朋龟撰写一篇《西川青羊宫碑铭》，隆重记录这一大盛事。乐学士诚惶诚恐，开动脑筋，洋洋洒洒地写了9200字，通篇是漂亮的四六骈文，内容则四平八稳，面面俱到。僖宗看了十分满意，以"中书门下"名义向西川节度使下了一道牒文，让他们尽快把这篇文章雕刻在石碑上，竖立在青羊宫里。

这道牒文虽然是普通的官府公文，却仍然是四六骈体，现在再将它语译如下。

奉敕：

金阙降下吉祥，连接着老君度关时的紫气；瑶坛收藏瑞物，腾耀着土地神发出的红光。原来有一玄符，留在古篆之中。当午夜时龙蛇摇动，六字分出光辉；后一年而叛乱荡平，四海平安无事。显露出上天的灵赐，得到了中兴的征兆。思考帝祖的微言，果然显出神功景运。难道不该在道观标榜，在蜀川铭刻，使其流传千百万年，记录我大唐一十八代的功德？乐朋龟职在翰林，是近臣的首选；他的妙文掷地有金声，应该镂入他山之石。他的文章铺陈尽善，连蔡邕也不如；他的讲述没有遗漏，连曹子建也赶不上。应当刊刻这一盛事，让这篇文章来证明。现在令西川节度使在本观建立碑文。

牒至准敕，故牒。

中和四年九月八日牒。

乐朋龟这篇鸿文，内容十分繁细，运用了许多典故，涵盖了许多方面，

◎ 三清殿

简直能称包罗万象。他从道教教义谈起，一直讲到青羊肆的来历、僖宗入蜀和发现灵砖的过程，以及宫观建设的前前后后，涉及的人士也一一点到。全文可分 12 大段，内容分别是：

1. 道教陈述的宇宙、神灵及有关教义；
2. 道家学说与儒家的一致性；
3. 道教所述太上老君的各种化身，从远古一直说到春秋；
4. 老君与关尹青羊肆之约和老君的降生过程；
5. 道教所说的老子化胡情况，象征平息叛乱；
6. 从僖宗入蜀到发现灵砖篆文的经过；
7. 定名青羊宫和修建宫观的过程；
8. 平息叛乱情况；
9. 追溯大唐开国盛况；
10. 歌颂僖宗和身边大量人物；
11. 青羊宫当前面貌；
12. 归结为末尾的颂词。

从《西川青羊宫碑铭》这些内容来看，给人最深的印象就是极端详尽。比如谈老君的化身，历数各个时代，包括天皇、连山氏、有熊氏、金天氏、高阳氏、高辛氏、陶唐氏、有虞氏、夏后氏、成汤氏。在叙述各代时并不是一笔带过，而是每代都有生动的刻画，绘声绘色。在歌颂当时人物的那一大段，连每个人的详细头衔皆全部列出，如僖宗称为"圣神聪睿仁哲明孝皇帝"，以下依次有剑南西川节度使太尉兼中书令颍川郡王陈敬瑄、行在都指挥使左神策军中尉十军军容田令孜、左仆射平章事萧遘、吏部尚书平章事韦昭度、兵部尚书平章事裴澈、内飞龙使杨复恭、内枢密使开府仪同三司苗胤礼、内枢密使骠骑大将军李顺融、监军使骠骑大将军兼三川制置都监刘景宣、左街威仪明道大师尹嗣玄，最后是道士李无为。每个人都列举出许多政绩和成就，并非仅说几句应付话。

文中精彩的段落,例如描写唐僖宗到青羊宫的那一段,词句就非常优美,现在语译出来供大家欣赏:

在成都,太玄城内,现在化出了行宫;濯锦江边,姑且安排起正殿。犹如黄帝时执玉帛者万国,上朝时排成鹓鹭行者位满千官。鸡林郡自鳌山解缆来朝;鹤柘城乘象驾前来入贡。正当戎夷率服之辰,却似文轨混同之日。苗人未服,才需要益赞之谋;扈氏被诛,全靠着胤师之力。熊韬豹韬之将,俯立军功;龙角羊角之山,追溯圣瑞。二十八化的神仙,自然乘白鹤而来;一百零六种灾难,必然跨苍虬而救。

上天暗中扶助宗社,保佑子孙。只见红光照灼于庭台,显出太平之兆;紫气晶荧于梅竹,彰明吉利之祥。考察了易理的变通,明白了神灵的感应;随后寻求灵迹,果然获得宝砖。上有古篆文是:"太上平中和灾"。于是验其六字,表此百祥。敲击砖声好像玉声,观看砖形状如玉璧。经历了周秦汉魏各代,玉篆仍新;经历了晋宋梁隋各朝,银钩不旧。于是将其藏于木椟,加上金锁;助盛皇猷,显名青史。

不过,由于宫观年代绵久,疆土变移;旧址被青苔所封,古坛被芜草埋没。仙乡故里,多半落入俗家;道观真境,如今残余瓦砾。枯松夜月,少闻玄鹤之声;暮草秋烟,空听莎鸡之响。当时的云洞,常隐狐狸;昔日的芝田,尽生禾黍。远追灵迹,近验吉兆;因此皇帝特下明诏,重新修筑这一琳宫。

描写道士李无为的那一段,也相当精彩,说他是"国源清派,天叶芳阴"。真诀千重,他研究得极其深刻;仙经万卷,他读诵得几乎无遗;同在师门,结为道友;三天凤玺,化为灵气而成书;一粒龙丹,永驻童颜而度劫。星冠月帔,上礼元皇;虹幨云舆,拜朝大帝;金蚕五斗,暗吐仙丝;琼节一双,遥迎真侣。这些句子,实在华丽绚烂。

末了,乐朋龟非常谦虚地说:"臣职忝禁林,身叨词客。涉儒海而素

浅,渡文河而不深。"文章写成之后,他专门上了一道奏章——

臣奉旨撰写《青羊宫碑铭》,现在完成了。

伏以太上金阙玄元皇帝,是大道的祖宗,上德的根本;先天地而出,后天地而存。遨游于五劫之中,经历了一千万岁。在那古青羊肆,出现了白鹿神踪;紫气氤氲,赤光照灼。于是呈现出灵砖玉篆,永表中兴。可见九万群仙,皆在老君指挥之下;三亿力士,皆在老君役使之中;因而能运动乾坤,转移海岳;化鱼鳌为兵士,变军旅为丛林,暗助王师,消灭叛逆,廓清宇宙,显示威灵。强盛我帝国,安平我国步。

臣跪承睿旨,仰奉皇恩;浅学薄闻,属词荒鄙。这一碑文今已撰讫,谨随状奉进以闻。

翰林学士守尚书兵部侍郎乐朋龟奏,谨具如前。

1200年前的这些文字,离我们虽然遥远,但那些古人的音容笑貌,却不难想见,且会永久伴随着这青羊宫历史的开篇。

花拥琳宫兴月市

圣迹仙宗青羊宫

前蜀皇宫邻青羊

　　建立五代前蜀政权的王建，虽然文化水平不高，但身体倍儿棒，素质特好。就在僖宗皇帝往兴元逃难的途中，王建那时担任清道使，专门给皇帝背着玉玺，鞍前马后，忠心保驾。当这一行人来到当涂驿时，由于李昌符放火，栈道几乎烧断。王建奋不顾身地拉着僖宗骑的马，冒着浓烟火焰惊险通过。过了栈道，人困马乏，可怜僖宗疲倦不堪，便在山坡下面躺了下来，头枕着王建的大腿，就睡熟了。王建居然几个小时纹丝不动。等到僖宗醒来，王建两腿麻木，不能起身，僖宗感动得流下涕泪，立即解下御袍赐予了他，称他为患难之交，从此对他十分信任，不久便封他为西川节度使。

　　王建领兵两千到成都上任，受到陈敬瑄五万兵的阻拦。凭着技巧和勇气，王建竟然击破周边陈兵，围困成都，迫使田令孜和陈敬瑄开门出降；随后，他又占据了东西两川之地。公元903年，即唐天复三年，唐昭宗回长安时，王建进贡茶布等物；不久，受封为司徒、蜀王，成为蜀中的土皇帝。四年后，朱全忠在中原篡位为梁帝，王建经左右劝进，在成都建立大蜀政权，称帝改元。他善于审时度势，在蜀地招揽人才，抚养士卒，劝课农桑，轻省徭赋，使西蜀成为文人学士向往的地方。

　　王建受封为蜀王时，就开始大修皇王宫。王城位置就利用唐朝的节度使官署，中心约在今成都天府广场一带。为了扩大王城规模，需要占用西南面的玉局观土地，新建五门和五凤楼，这件事很快就顺利办妥。《茅亭客话》称那座城楼"雉堞巍峨，饰以金碧，穷极瑰丽，辉煌通衢。"

　　前蜀时期的"五门"，是个相当有名的地方，与古老的青羊肆旧址靠得很近。据彭乘《修玉局观记》，宋代重新修复的玉局观里有房135间，可见唐代的面积本来很大。那时王建把它拆得所剩无几，连唐玄宗时从锦江捞出的太上老君玉像也无法安置，只好移到附近的青羊宫御容院阁下西间，专门盖了一间石室，奉安供养。

在残唐岁月，无论是玉局观还是青羊宫，都得不到达官贵人的尊重。据《道教灵验记》说：当青羊宫未经僖宗重建时，简陋的玄中观一带土地，长期以来受到周边居民的蚕食，居民先是占用周围的草地，辟为菜园，砍伐原来的竹树，私自盗卖；后来又破坏玄中观的围墙，逐渐拆取殿宇里的砖瓦木料，修建私宅；青羊肆的遗踪胜景，渐渐变成一片散乱的住宅区。历史悠久的道教名胜，被挖得满目疮痍，破破烂烂，只留下两处荒台和原始的竹林。因此王建占用玉局观土地，还不算野蛮拆迁，相对而言还比较客气。

王建虽然并不笃信道教，可是后宫嫔妃却有信道的传统，所以皇宫里也修了不少宫观，以弥补玉局拆迁的损失。这在花蕊夫人《宫词》中有所描写，西南一方的宫墙内外都是宫观区。

提到"花蕊夫人"，她曾经牵涉过古今一场争论。因为前后蜀都有花蕊夫人存在，而且传统的说法都认为，写《宫词》的是后蜀主孟昶的慧妃徐氏（一说青城费氏），因为后蜀覆亡时她曾写下《口答宋太祖》诗："君王城上竖降旗，妾在深宫那得知？十四万人齐解甲，宁无一个是男儿。"显然她是个诗人。同时，《宫词》的来历也很复杂曲折，据王象之《舆地纪胜》说，公元1072年，即北宋熙宁五年，王安石之弟王安国主持审定民间进献的图书时，偶然发现了花蕊夫人手稿32首，从而保存下来；后来经陆续收集，总数共有近百首之多。

20世纪40年代，清华大学教授浦江清考出《宫词》作者，应是前蜀的徐太妃，因为诗中描述宫女穿着道士装束，头戴金莲花冠等饰物，都与前蜀的宫廷风尚相吻合。尤其是其中一首："法云寺里中元节，又是官家诞降辰。满殿香花争供养，内园先占得铺陈。"明确提到当时蜀主生日在中元节这一天，即七月十五日。而孟昶生日史载为十一月，只有前蜀后主王衍的生日是七月十五，此案遂定。

　　王建纳入后宫的嫔妃,有眉州刺史徐耕的两个女儿,都善于作诗,姐封贤妃,妹封淑妃,姐妹俩一时专宠。前蜀后主王衍为淑妃所生,王衍继位后称为徐太妃,她应是百首《宫词》的作者。

　　从《宫词》中的描述得知,当时在宣华池的西边僻地,修了一座道宫,墙东有三清台;宫墙内有会真观,中有玉清坛、会真殿、太清殿、迎仙宫、降真亭;池的对面,又有太虚阁。表明王建的皇宫里,仍然具有浓郁的道家气氛。

　　　　会真广殿约宫墙,楼阁相扶倚太阳。净甃玉阶横水岸,御炉香气扑龙床。

　　　　太虚高阁凌虚殿,背倚城墙面枕池。诸院各分娘子位,羊车到处不教知。

　　　　三清台近苑墙东,楼槛层层映水红。尽日绮罗人度曲,管弦声在半天中。

　　　　会仙观内玉清坛,新点宫人作女冠。每度驾来羞不出,羽衣初著怕人看。

　　　　老大初教学道人,鹿皮冠子淡黄裙。后宫歌舞今抛掷,每日焚香事老君。

　　　　六宫一例鸡冠子,新样交镂白玉花。欲试淡妆兼道服,面前宣与唾盂家。

　　　　春早寻花入内园,竞传宣旨欲黄昏。明朝驾幸游蚕市,暗使毡车就苑门。

广成先生补轶事

五代时期,唐朝帝王留下的崇拜老君之风,并未断绝。前蜀后主王衍继位后,放手大修宫殿,仿效李唐尊老子为圣祖的例子,也在历史上寻找一个姓王的神仙作为自己的祖宗,结果找到了"王子晋"。公元923年,即前蜀乾德五年,王衍开始修建上清宫,里面雕塑起王子晋像,尊之为"圣祖至道玉宸皇帝";又塑了他和父亲王建的像,侍立在祖宗的左右。正殿里又塑造了玄元皇帝和唐代诸帝的像,置备各种法驾,以供朝拜之用。

位于中原的后唐明宗李嗣源,他也姓李,同样觉得应该"复我真宗"。由于长期战乱破坏,天下宫观久失维修,他在公元926—929年,即后唐天成年间,大力修复道教宫观,并宣称天下凡有玄元皇帝宫殿的地方,统统要求整饬一新。

在这一时期,一位在道教文化方面颇有贡献的人物不能不提,他就是著名道长杜光庭。他曾随僖宗入蜀,奉敕前往青城山丈人观修醮,被赐号"广成先生"。王建称帝后,以杜光庭为太子之师;王衍袭位后,尊他为传真天师兼崇真馆大学士。

杜光庭著述甚丰,其中《历代崇道记》有一段内容,详细记录了青羊宫修建前的许多细节,可作前面记述的补充。现在全文语译如下:

> 僖宗皇帝驻跸西蜀,是在公元882年,即唐中和二年八月九日到达,于是皇帝下令将此事宣示内外。
>
> 公元883年,即唐中和三年三月十一日,亳州刺史潘稠派遣道士马含章、孙栖梧等人来奏,亳州太清宫自公元897年,即唐乾宁四年后,经常有逆寇前来侵犯,少则上千,多则上万,或想焚劫,或想攻城。

老君皆现出神灵，或起浓云，或驱阴风，或击雷電，把那些坏人打跑。僖宗听了汇报，便下诏升真源县为畿县，命人撰写青词，向老君告谢，当时皇帝还对着东方稽首叩拜。八月十二日下敕说：亳州太清宫是混元老祖降圣之里，名高道祖，福荫皇基，历代之祯祥可纪，近年之感应尤明。潘稠能施善政，久护真风，广出俸钱，备修宫观。墙垣堂殿，无不精修，像设丹青，更加焕丽。观图考事，深可慰嘉。住宫威仪道士吴重玄可以赐紫，封号为凝玄先生。道士马含章、孙栖梧也一并赐紫。潘稠加封金紫光禄大夫检校工部尚书，其余如故。

这一年的八月二十九日夜，皇帝命帝房宗室李特立与道士李无为，在成都府青羊肆玄中观老君降生旧地，设醮祈真。忽见殿基东南竹林中有虹光如弹丸大，渐渐明亮、扩大，跳入西南的梅树下就不见了。后来在那光消失的地方挖地三尺多，得到宝砖一匹，长一尺一寸五分，阔七寸四分；一边厚一寸三分，并有花纹；一边厚一寸八分；重一十二斤。上面有古篆字六个，每个字都是二寸见方，深三分；镌刻得十分莹洁，不像是人工所为。六个文字是："太上平中和灾。"

九月一日，西川节度使侍中陈敬瑄奏道："皇帝陛下稽古顺天，凝怀至道，寄想大同，到蜀下明诏罪己；深仁至德闻于上天，因而降下符谶，传达太上老君之命，清中和寇盗之灾，显示明文，出露古篆。这足以表明妖氛即将平息，圣祚无疆，即知收复之期，便是清宁之日。"

到了十二日，皇帝令将此事宣示百官。中书侍郎平章事韦昭度、户部侍郎平章事萧遘、门下侍郎平章事郑畋、御史中丞张浚、宗正卿嗣曹王龟年都上表祝贺："伏以叛逆啸聚，车驾出巡。天灾流行，历朝历代都有，不值得奇怪。陛下降罪己之诏，征王者之师，那些凶妖即当消灭。太平既彰于吉兆，上天显示其秘文。因宗室斋醮之辰，仍有祥光跳跃之瑞。"枢密使李顺融、十军十二卫都指挥使田令孜也上表祝贺："今者有锦城仙观，呈现吉兆；露出此时在地之赤光，应是昔日度关之紫气。挖穿积土，获得古文，检验那些龙蛇文字，知道枭獍即将消灭。玄理颇为昭明，明显是太上下令平灾，表明中和年祚久远。事迹全因圣祖，发掘归功皇族，捧此灵砖，可明天意。混元圣祖每逢多难之时，皆有吉祥的明征下达。现老君在青羊肆中，指示了李特立，告以陛下还宫之庆，天下幸甚，请付史馆记录。"这些意见，皇帝都采纳了。

十五日，开始封赏有功之人。李特立授太子校书；李无为赐紫；各赐缣帛三百匹。二十一日又下诏曰："太上玄元大帝与弟子文始先生，讲真经于楼观台，后约会于青羊肆，便乘云驾，共入流沙。仙记传闻，地图标载，自周昭王至于现在，历数约二千余年。旧地的景色寂寥，建筑破旧。今因巡幸，灵兆昭彰，祥光跳跃于庭前，灵篆出土于树下。砖含古色，字示祥祯，中和之灾害欲平，厚地之吉符乃现，表明上天降佑，圣祖垂祥，将歼大盗之兵戈，永耀中兴之事业。须传简册，兼示寰区。已付史官，备令编录，应该模勒文字，告示诸道及军前。此观可改号为青羊宫，修建殿堂屋宇。附近属观田地，约有两顷，近来散属黎民，多种葱蒜，清虚之地，不能再让它熏蒸。已赐钱二百贯，便令收赎，仍给道观验，永归道观。"

至十月七日，派出高品郭遵泰监建青羊宫土木工程，并用内库的钱开支。自获得灵砖之后，到此月癸丑日，蜀郡附近的寇盗，相继擒戮，十天半月之内，社会秩序开始清平。皇帝很高兴地驾临青羊宫，又赏赐了一回。李特立赐绯，授以龙州录事参军。同时又下诏说："太上垂祥，青羊应兆，礼当崇饰，以答天恩。地方诸道州府里的紫极宫，都应该委派官吏如法维修装饰，再选派有科仪水平的道士祭醮。"

这一月乙卯日得到奏报，说是收复了京城。可见大道垂祥，圣祖保佑，洪图延长，唐祚无疆。皇帝又命翰林学士承旨尚书兵部侍郎、知制诰乐朋龟撰写碑文，立在青羊宫里。还要颁示天下，以表皇家承神仙之苗裔，感太上之灵赐，传万代之无穷。

杜光庭《道教灵验记》一书里面，载有不少有关青羊宫的史料，极其宝贵。书中有一段《成都青羊殿验》，说的是青羊宫虽然得到新建，但当时

社会产生动乱,道观仍然遭遇到一些厄运。

青羊宫自公元882年,即唐中和二年奉敕建立,到公元889年,即唐龙纪元年腊月基本建成。那时政局黑暗,战乱频发,城外很多民房遭到焚毁,许多地方急需木材。有个主管建设的官吏,蛮不讲理,他竟然号令众人,下手先拆老君殿上那根大梁,因为木料最大。结果拆了下来,要十个人才抬得动。由于摘除了大梁,殿内的塑像也被破坏掉了。

这个官吏忽然说:这根木头我能一个人抬走。大家都笑而不信,结果他真的担了起来,搬运入城。在路上,有人想买下这根木头,认为此材可惜,准备买来捐给道观。谁知这句话刺到了他的心病,他竟然答道:我还想拿它做柴呢,施给道士有何益处?于是举起斧头就准备砍。当斧头还未落下,他忽然感觉臂痛,投斧于地,顷刻而死。那根大梁放在路边上,一年之后还在,后来便不知所终。

这段记载表明,唐末社会秩序相当糟糕,刚刚建起的青羊宫,就不断地遭到打劫。

《道教灵验记》毕竟是以宣传"福善祸淫"的果报教义为宗旨,因此在记录某一事件时,总要揭示最后的结果。例如《王峰吴行鲁毁掘成都龙兴观验》,说王峰和吴行鲁曾经破坏过成都城北凤凰山上的龙兴观。吴行鲁有个部下死而复活,在阴曹地府时看到这个拆毁钟楼的节度使,此刻正为鬼卒所驱,戴着铁锁,昼夜不休地在阴间搬运木材。木头好不容易堆到垛上,忽然又滚了下来,这样搬来搬去,不知道要搬到何年何月。那个挖毁宫观土墙的王峰也没有好报,修房工程没完,家里就死了好几口人。房子修好之后,有一天他从衙门回来,忽然看见两个黄衣人,追究他观中取土之事。他在应答之间,下马倒毙。

这部书里谈到玉局观内,不但存有锦江捞出的老君玉像,而且还有西王母的塑像。后来南诏攻入成都,道观失火,烧得廊屋颓坏,但这一塑像毫无损失。观中还有个三将军像,也是古代所塑。此观受到南诏兵焚烧时,塑像附近成为一片废墟,唯独三将军塑像不坏。重新修殿之日,就在那塑像上面盖起屋宇,也算一件奇事。

三春蚕市任遨游

对太上老君的信仰,不仅贯穿于整个五代,而且延续到宋代的许多皇帝身上,宋真宗便是很有代表性的一个。

公元1013年,即大中祥符六年八月,宋真宗也像唐玄宗一样,将老子的"太上玄元皇帝"称号改封为"太上老君混元上德皇帝"。公元1014年,即大中祥符七年九月,他又尊玉皇大帝为"太上开天执符御历含真体道玉皇大天帝"。从此,道教信仰就与宋室紧密地连在了一起。

随后笃信道教的宋徽宗更胜一筹,自称"教主道君皇帝"。徽宗对道教文化有很大的贡献,曾多次下诏搜访道书,设立经局,整理校勘。政和年间编成的《政和万寿道藏》,成为中国第一部刊刻的《道藏》全书。公元1116年,即政和六年四月,他在皇宫附近修建上清宝箓宫,又在城上修建复道与皇宫连通,以便经常前往进行斋醮和授箓等法事。同年九月,通令天下洞天福地普遍修建宫观,塑造圣像;成都青羊宫此时得到一次大修的机会。

从唐到宋,成都经常举行道教法会。素来欢喜遨游的成都人,一到此时,便纷纷聚集到道观会场上来,人气十分旺盛,从而拉动了社会经济的发展。从此,围绕着道观周围,形成了临时集市贸易点;后来逐渐制度化,建立起定期的交易市场,不同季节有着不同的内容。

据《成都古今记》所载,古代成都每月的大型集市,各有一个主题:一月是灯市,二月是花市,三月是蚕市,四月是锦市,五月是扇市,六月是香市,七月是七宝市,八月是桂市,九月是药市,十月是酒市,十一月是梅市,十二月是桃符市。这些集市虽然各有主题,但所售商品内容也不限于那些主题,而且集市也不一定限制在那个月里。比如以三月为主体的

蚕市，起初以出售养蚕用具为核心，渐渐延伸到出售农具、铁器、种子、花果、草药等类；后来蚕市又不仅在三月举行，早在春节里即已开始。

唐代玉局观、青羊宫一带，虽然位于当时成都城外，却成为繁华的商贸集市区，每月都有不同特色。特别重要的是正月蚕市，以农民为主进行产品交易，同时又是市民游乐场所。到了宋代，九月的药市、三月的蚕市以青羊宫一带为中心，特色更为突出。

费著《岁华纪丽谱》记载的宋代蚕市，一年里共有三次：正月初五是五门蚕市；正月二十三日是圣寿寺前蚕市；三月二十七日是大西门睿圣夫人庙前蚕市。

成都人一向以农业为命脉，蚕市日期其实并不止上述那三次。《成都志》记载，二月二日宝历寺也有蚕市；杜光庭《神仙感遇传》说，"三月三日于学射山通真观看蚕市"；《道教灵验记》又说三月三日龙兴观有蚕市。《方舆胜览》中说"二月望日，鬻花木蚕器于其所者号蚕市"，但未讲明地点在哪里。北宋成都知府田况写了21首《成都遨乐诗》，除了正月初五，还有二月八日、三月九日的大慈寺两次蚕市。他的《三月九日大慈寺前蚕市》诗云："高阁长廊门四开，新晴市井绝纤埃；老农肯信忧民意，又见笙歌入市来。"可见集市上还有音乐可听。

蚕市的来源相当古老，宋黄休复《茅亭客话》中记述：蜀中蚕市历史十分悠久。父老相传，上古蚕丛氏为蜀主之时，民无定居，大家跟随蚕丛一起迁徙，所在之处即招致为市，一方面进行交易，一方面暂时居住。后来的蚕市，就是这种古风的遗存。唐末五代至北宋初年，每年正月至三月，成都州城和属县，都要循环开设蚕市至少15处。一到蚕市那天，集市上就人山人海，热闹异常。唐末韦庄《怨王孙》词描写过成都蚕市的繁华：

　　锦里，蚕市。满街珠翠，千万红妆。玉蝉金雀，宝髻花簇鸣蜩，绣衣长。

在集市上，许多市民、农民、商贩和小手工业者，借此走街串巷，寻找商机，散心解闷。不少达官贵人、皇亲国戚也掺杂其间，享受游乐的欢愉。五代花蕊夫人《宫词》有一首描述皇帝准备第二天参观蚕市的事，十分有趣：

  春早寻花入内园，竞传宣旨欲黄昏。明朝驾幸游蚕市，暗使毡车就苑门。

不过，春耕季节的三月蚕市应该是最主要的。《五国故事》说："蜀中每春三月为蚕市，至时货易毕集，蜀人称其繁茂。"实际上是以促进农桑为中心的春季物资交易会。苏轼《和子由蚕市》一诗写出了成都蚕市的方方面面：

  蜀人衣食常苦艰，蜀人游乐不知还。千人耕种万人食，一年辛苦一春闲。闲时尚以蚕为市，共忘辛苦逐欣欢。去年霜降斫秋获，今年箔积如连山。破瓢为轮土为釜，争买不翅金与纨。忆昔与子皆童卯，年年废书走市观。 市人争夸斗巧智，野人喑哑遭欺谩。诗来使我感旧事，不悲去国悲流年。

与青羊宫有关的，是那"五门蚕市"。"五门"就是王建拆迁玉局观所修的五凤楼门，正当通衢大道，宋代那里是个闹市，尤其是春节期间特别热闹。陆游《开岁》诗注"蚕市，成都初正故事"，就是指正月五日的五门蚕市。他这首七言律诗是：

  绿襦新画卫门扉，贺刺相欺可累欷。卖困不灵仍喜睡，送穷无术又来归。
  相寻蚕市人何在？烂醉蟆津事亦非。惟有禹祠春渐好，从今剩判典春衣。

正月蚕市的开张，意味着一年的农业耕作即将开始。北宋田况遨游诗

中《五日州南门蚕市》一篇，内容就写了这些：

> 齐民聚百货，贸鬻贵及时；乘此耕桑前，以助农绩资。物品何其伙？碎琐皆不遗。编笨列箱笪，饬木柄锑锜。备用诚为急，舍器工曷施？名花蕴天艳，灵药昌寿祺；根萌渐开发，蕖载相参差。游人炫识赏，善贾求珍奇。予真徇俗者，行观亦忘疲；日暮宴觞罢，众皆云适宜。

二十三日圣寿寺前蚕市，离开青羊宫也不算远，那里是成都最早的集市故址，先秦时期就已经存在了。田况有《二十三日圣寿寺前蚕市》诗，这首五律的内容是：

> 龙断争趋利，仁园敞邃深。经年储百货，有意享千金。
> 器用先农事，人声混乐音。蚕丛故祠在，致祝顺民心。

三月二十七日大西门睿圣夫人庙前蚕市，田况曾写过诗。睿圣夫人庙在浣花溪边，就是民间崇拜的龙女祠，相传能代表龙王兴云致雨，后蜀封她为睿圣夫人。宋代三月蚕市最初在小西门小市桥举行，后来田况因祷雨灵验，就将蚕市移到睿圣夫人庙前；青羊宫也算一处。

除了蚕市，成都最有特色的集市就是药市了。《岁华纪丽谱》记载宋代药市的时间是在重阳节那天，地点是在古玉局观。这天，从锦官门的谯门外，一直到玉局观前的五门，包括青羊宫门前，官府早早地搭设起幕帘棚屋，沿途设立了许多摊位，以供商贩销售药材。日期一到，麝香、鹿茸、犀角、人参等名贵药物，便到处堆积如山，摆满了市场。成都府尹等地方官员，还要宴请监司宾僚，慰问他们的辛苦。主办官员带着随员，不时巡视药市，维持治安。药市一开放，一般要热闹三到五天。据说，在药市上，还有人恍惚遇见神仙，所以大家都想找找机会，碰碰运气。

《岁时广记·吸药气》说：成都九月九日重阳节的药市，最为主要，而且全国闻名。这天一大早，全蜀所有的药材和奇花异草，便集中到了这一带。本地和外地的道士也纷纷赶来，以表现其法术和医术。官府专门设立"酒行市"接待药材商人，同时设宴招待道士。那些文人们一早也陆续赶来，因为他们大多属于"亚健康"，按照传统习俗来吸"药气"，好治治自己的老毛病；身体较好的人，则希望药气能使他们更加安康。

宋代张仲殊《望江南》词，把蚕市和药市的特色描写得十分生动：

> 成都好，蚕市趁遨游。夜放笙歌喧紫陌，春邀灯火上红楼，车马溢瀛洲。
>
> 人散后，茧馆喜绸缪，柳叶已饶烟黛细，桑条何似玉纤柔，立马看风流。
>
> 成都好，药市宴游闲。步出五门鸣剑佩，别登三岛看神仙，缥缈结灵烟。
>
> 云影里，歌吹暖霜天。何用菊花浮玉醴，愿求朱草化金丹，一粒定长年。

北宋薛田《成都书事百韵》谈到"药市风光虫蛰外，花潭邀乐䮓鸣前"，可见药市的风光相当不错。京镗《雨中花·重阳》则专门作出描写：

> 玉局祠前，铜壶阁畔，锦城药市争奇。正紫荚缀席，黄菊浮卮。巷陌联镳并辔，楼台吹竹弹丝。登高望远，一年好景，九日佳期。
>
> 自怜行客，犹对佳宾，留连岂是贪痴。谁会得、心驰北阙，兴寄东篱。惜别未催鹍首，追欢且醉蛾眉。
>
> 明年此会，他乡今日，总是相思。

圣迹仙宗青羊宫

二十里间梅不断

　　成都自古就是一座花都。由于气候温和，雨量充沛，百姓闲适，大家都爱艺花、赏花。在古代的"十二月市"中，二月便是花市。唐末诗人萧遘《成都》诗描述道："月晓已开花市合，江平偏见竹簰多。好教载取芳菲树，剩照岷天瑟瑟波。"五代韦庄《奉和左司郎中春物暗度感而成章》有"锦江风散霏霏雨，花市香飘漠漠尘"之语；宋代薛田《成都书事百韵》诗中也有"柳堤夜月珠帘卷，花市春风傍幕寨"之句。

　　其所以将花市安排在二月，是因为自古以来，民间将农历二月十五日称为"百花生日"，文人雅称"花朝节"。《渊鉴函类》引《提要录》说："唐以二月十五为花朝。"《风土记》认为："春序正中，百花竞放，乃游赏之时，花朝月夕，世所常言。"二月十五这一天，又是太上老君的生日，而老君与青羊宫关系十分密切，因此青羊宫与花市的关系就密不可分。

　　南宋王刚中《成都古今记》说：成都二月花市，各地花农辟圃卖花，陈列各种花卉，蔚为香国。集市上除了卖花，还为群众提供了赏花以后种花的条件，很自然地插入农副产品交流的内容。各种奇珍异品，土特产物，工艺成果，在集市上也琳琅满目。这一习俗，一直延续至今，千年不衰。

　　成都老百姓以花市的形式，延续着对春天的钟爱；而诗人们则用彩笔来描绘老君的祖庭青羊宫。

　　唐朝诗人吟咏青羊宫的诗，流传很少。生活在五代至宋初的画家郭忠恕，曾经写过一首《青羊宫》的诗，是现存时代最早的咏青羊宫近体诗：

　　　　久知玄牝是根原，谁道长生别有门。一自搏龙兴叹后，至今师事五千言。

郭忠恕是洛阳人,字恕先,又字国宝,五代后周广顺年间,担任过为宗正丞兼国子监书学博士。由于议论朝政,顶撞了上级,被贬为崖州司户,从此不再做官。到了北宋,他担任过国子监主簿,还是改不了他那怪脾气,又因讥讽时政,流配到登州,结果死于临邑途中。他那首诗,表示"描龙兴叹"后,便下决心钻研《道德经》;不过他仍然没有按照老子的无为思想行事,在政治上一直碰钉子。

北宋初期担任过益州路转运使的薛田,写过一首长篇排律,名为《成都书事百韵》,共有两百句,细致描绘了成都的古往今来和方方面面,十分精彩。这首长诗从"混茫丕变造西阡,物象熙熙被一川"两句开始,洋洋洒洒写下来,写到第11联"乍回黑水将成道,潜到青羊恐遇仙",便讲到了青羊宫。

薛田此人籍贯山西永济,照现在的话说,应该是个经济学家,他为全

◎ 斗姥殿

球最早的纸币"交子"在成都的成功发行,作出了历史性贡献。《宋朝事实》说,那时四川商界使用铁钱,小钱每十贯重六十五斤,折合大钱一贯也有十二斤重,市场上的买卖,只要上了三五贯钱,买卖双方的钱都很难携带,非常不便。自从有了"交子",这一难题便顺利解决了。薛田在大中祥符末年上任,发现民间交易因铁钱笨重而用纸币,是一个新事物,可是私家发行的"交子",又得不到普遍认可,便上奏朝廷,建议国家设立专门的纸币管理机构,由政府印发"交子"。他在《成都书事百韵》里,曾经得意地吟道:"货出军储推赈济,转行交子颂轻便。"

南宋诗人何耕,曾两次在成都做官,他写的《青羊宫》五言诗,比较有名:

　　一再官锦城,咫尺望琳宫。未始得得来,正望役役中。今朝弄晴雨,策蹇随春风。颇受意象古,停骖小从容。缥缈百尺台,突起凌半空。凭栏俯修竹,决眦明孤鸿。信哉神仙宅,不受尘垢蒙。稽首五千言,众妙一以通。静观万物复,岂假九转功。区区立训诂,亦哂河上公。痴人慕羽化,心外求鸿蒙。要附白鹤背,往访青羊踪。

何耕字道夫,号怡庵,是绵竹、德阳一带的人。公元1147年,即绍兴十七年,他在四川类试考了第一名,后来充任彭州教授、成都教授。孝宗初年通判成都府;又当过雅州、嘉州知州和潼川府路提点刑狱。公元1178年,即淳熙五年以后,相继任仓部员外郎、户部郎中兼国史编修官、国子司业等职。他的诗中,特别提到"修竹",可见青羊宫的竹林一直非常繁茂。

与他同时,公元1175年,即淳熙二年的进士孙应时,是四川安抚制置使丘崇的幕僚,曾经写过两首《和共父游青羊宫》的诗:

　　野兴偶所惬,胜游聊一寻。双台隐空曲,万竹护清空。
　　岚翠明巾屦,风香度笑吟。端能重载酒,尽日听鸣琴。

访古未云已,会心良独多。犹应趁风月,从此遍岷峨。

万里澹秋色,一江明暮波。他年问鱼鸟,能复记相过。

诗题中的"共父",就是朱熹、张栻的好友刘珙的字。刘珙是福建崇安人,担任过湖南安抚使等职,可惜刘珙的游青羊宫诗已经失传了。值得注意的是,孙应时诗中"双台隐空曲,万竹护清空"两句,说明南宋时期,青羊宫里尚有"双台",应该是现在"三台"的前身;而茂密的竹林,则是唐宋以前一直未改的景观。

大名鼎鼎的爱国诗人陆游,在青羊宫写的诗最多。他是山阴(浙江绍兴)人,字务观。公元1153年,即绍兴二十三年应试进士得第一,而秦桧的孙子秦埙却居其次;公元1154年参加礼部考试,主考官再次将陆游排在秦埙之前,竟被秦桧除名。直到孝宗即位,得知陆游善于词章,熟悉典故,才赐其进士出身。他曾任枢密院编修官、通判、安抚使、参议官、知州等职。公元1170年,即乾道六年入蜀,到达夔州;一年后应四川宣抚使王炎之请,入幕襄理军务。公元1175年,即淳熙二年,他的大同乡范成大任四川制置使,又邀约他在幕中担任参议官。在四川的这段时间里,陆游写了大量诗篇,后来把诗集定名为《剑南诗稿》。公元1178年,即淳熙五年,陆游诗名日盛,受到孝宗召见,但并未得到重用,只被派到福州、江西去做了两任提举常平茶盐公事;两年后被劾罢职还乡。

他在四川时,就因不拘礼法被人弹劾过,便干脆自号"放翁",表示改不了这放荡的脾气。他的《野步至青羊宫偶怀前年尝剧饮于此》律诗,便带有这种情绪:

锦官门外曳枯筇,此地天教著放翁。万事元无工拙处,一官已付有无中。

擎云柏树瘦蛟立,绕郭江流清镜空。欲把酒杯终觉懒,缓歌会醉落花风。

陆游经常到青羊宫喝酒,与道士交朋友。《青羊宫小饮赠道士》律诗,可作证明:

青羊道士竹为家,也种玄都观里花。微雨晴时看鹤舞,小窗幽处听蜂衙。
药炉宿火荧荧暖,醉袖迎风猎猎斜。老我一官真漫浪,会来分子淡生涯。

唐宋时期成都城内,花卉特别集中,冬季百花凋谢,但官府大种梅树,梅花开放后更有情韵。陆游最爱梅花,他的青羊宫诗,很多是和梅花联系在一起的,《梅花绝句》就是最典型的一首:

当年走马锦城西,曾为梅花醉似泥。二十里中香不断,青羊宫到浣花溪。

《城南寻梅得句》写得更加潇洒:

老子今年懒赋诗,风光料理鬓成丝。青羊宫里春来早,初见梅花第一枝。

那两首《看梅归马上戏作》,情绪十分高昂:

平明南出笮桥门,走马归来趁未昏。渐老更知闲有味,一冬强半在梅村。
本为梅花判痛饮,却嗅梅香消宿醒。日欲落时始上马,青羊宫前闻发更。

可是写另一首《梅花绝句》时,他已经离开了成都:

池馆登临雪半消，梅花与我两无聊。青羊宫里应如旧，肠断春风万里桥！

他回到浙江故乡，写过一首《梅花》诗，表达对青羊宫那种美好的回忆：

青羊宫前锦江路，曾为梅花醉十年。岂知今日寻香处，却是山阴雪夜船。

他在晚年，每次看到梅花时，就会想到青羊宫。有一首《梅》是其代表：

三十三年举眼非，锦江乐事祗成悲。溪头忽见梅花发，恰似青羊宫里时！

他在家乡写的《记梦》诗，描绘了他梦中到了青羊宫，慢慢走进竹林，与道士朋友谈心。他特别为此诗作了注："青羊宫在成都南门外浣花道中。"这首诗说：

东吴春暮寒犹重，睡美不闻城角动。身虽衰惰怕出门，江山尚入幽窗梦。梦到青羊看修竹，道人告我丹将熟。试求一黍换肝肠，它日重来驾黄鹄。

如果真有神丹可服，他愿意飞到成都，再与青羊宫道士们欢聚——这是这位伟大诗人最执着的情感。

红羊劫后获新生

宋末元初遭劫难

南宋末年,偏安一隅的宋朝政权摇摇欲坠,仅仅依靠四川和江南的经济繁荣稳定,维持着半壁河山。北方的蒙古政权则虎视眈眈,把西辽、西夏和金政权消灭以后,视线便从中原移向四川,制定出先取全蜀,然后顺江东下,消灭南宋的战略。

公元1235年,即理宗端平二年,蒙古窝阔台汗集结蒙古、西夏、吐蕃等大批兵力,号称五十万众,兵分两路,进取南宋地域:一路由窝阔台三子阔出率领,进军襄汉;另一路由窝阔台次子阔端率领,出征四川。

阔端大军先后占据了原来金人据守的秦、巩等二十余州,收降金朝巩昌守将汪世显,直逼蜀地,后来遇到宋军的抵抗,当年冬季退出蜀边。

公元1236年,即端平三年,阔端率领主力出大散关(今陕西宝鸡西南),占领兴元(今陕西汉中);由于四川制置使指挥失误,蒙军长驱直入,直抵怀安军金堂县,渡过沱江。十月十八日下午,蒙古三百骑兵冲到了成都城北驷马桥。此时,成都城内守军还不到七百人,由于太平日久,懒散麻痹;市民听说有军队开来,还以为是前线溃下阵来的宋兵;而蒙军也打着宋将李显忠的旗号,伪装成宋军样子,连驻守成都的四川制置副使丁𪻐也被糊弄住了,还打出旗榜招徕。蒙军顺着城墙进入大东门,城里的居民还纷纷出来看热闹。后来发觉是蒙古兵,有些人便拿起木棒与蒙古兵搏斗,有的人抬出桌椅堵塞街巷,准备巷战;这一小股蒙军见势不妙,随即退出城外。二十日白天,蒙军再次入城,百姓们都闭门不出;丁𪻐率兵夜出城南,伺机与蒙军巷战,终因寡不敌众,在石笋街战斗而死。二十一日,制置司参议王栩号召军民组织起来抗击蒙军,也势单力薄,缺乏抵抗力。到了二十四日,各路蒙军聚齐,从成都东门正式入城,王栩的抵抗失败,落荒而走。阔端大摇大摆进城，稳坐在成都府衙文明厅里，第一件事就是占卜吉凶。巫师占出的结果是："民心不归，进入四绝死地。"阔端有点失望，觉得成都不能久留，便决定在此屠城，另取别地；一声令下，蒙军在成都的烧杀抢夺随即开始。

据野史《三卯录》所述，后来担任过四川制置使的朱异孙，那时还是成都城里的民众，曾亲身经历过九死一生的惊险过程。当时蒙军把成都人赶出家来，每五十人捆为一组，乱刀刺杀，然后把尸体堆放在一起；到了晚上，害怕杀得不彻底，再在尸堆里依次复刺一遍，以免漏网。朱异孙受刺昏迷以后，被压在许多尸体的下边，晚上复刺时幸好刀尖没有近身，但上边的尸血淋漓，不断流进他的嘴里，他难受至极，又不敢出声。到了半夜，他完全苏醒过来，也许是人血的滋润，他恢复了体力，趁天黑爬出尸堆，奔进树林里躲藏了一阵，然后逃了出去，总算捡到一条命。此后他虽然当了官，却经常脱掉衣衫，将留下的刀疤给人观看，每次都流出好多眼泪。贺靖随后担任了成都长官，清理埋葬城中骸骨，进行统计，据说有140万之多，城外者还不计。这一数字显然有所夸张，不过，成都有史以来的第一次浩劫，应该从此次算起。

在这"青烟弥路，白骨成丘"的时候，青羊宫还好吗？由于文献缺失，找不到任何记录。但在当时夜晚放火明如白昼的情况下，恐怕道观殿堂必然会损失一大部分。

在此黑暗时刻，传来中路军统帅阔出死亡的消息，阔端无心再战，在大肆掳掠之后，放弃了成都，退回陕西。

三年后的公元1239年，即嘉熙三年八月，阔端命都元帅塔海率军再次攻蜀。塔海一军自新井（今四川南部）指向成都，仍然沿袭了上次的诈术，打着宋军的旗号前进，但这一回宋军没有上当，冲出成都西门前来迎战。不过软弱的宋兵在蒙古兵强悍的攻击下，一触即溃，宋兵大部四散奔逃，成都再度失陷。大概因为蒙古人对四川水土不服，塔海并没有长期占据成都的打算，只烧杀抢掠一阵，也就撤出城去。这次的苦难，仅仅是个局部问题，因为历时不长。

公元1241年，即淳祐元年秋，蒙军第三次进军四川，这一回的主将是汪古族人汪世显。当时四川制置使陈隆之在成都坚壁守御，还向蒙军下了战书，誓死不降。蒙军围攻成都，多日不下，就设法采用策反之计，让宋军都统田显作为内应，在汪世显架梯攻城时，打开城门。最后，这个内奸的面目虽然暴露，但为时已晚，蒙军再次攻陷成都，俘虏了陈隆之。

宋末陈人杰的《沁园春·书丰乐楼壁》词下片说：

诸君傅粉涂脂，问南北战争都不知！恨孤山霜重，梅凋老叶；平堤雨急，柳泣残丝。玉垒腾烟，珠淮飞浪，万里腥风吹鼓鼙。原夫辈，算事今如此，安用毛锥！

这首词题为"嘉熙庚子"，即1240年，那时蒙古军屡侵四川。前此四年，阔端破蜀进入成都；前此一年，塔海再破成都；后此一年，成都又陷于汪世显之手。所谓"玉垒腾烟"、"万里腥风"，生动地记录了成都陷落史。

公元1242年，即淳祐二年六月，宋廷任命兵部侍郎余玠为四川宣谕、制置使兼重庆知府，同时允许能干的余玠有先行后奏的权力，不必事事请示朝廷，于是使他有机会放手对四川的政治、军事各方面的弊端进行改革，挽回了军事上被动的局面，从此成都形势逐渐稳定。

公元1252年，即淳祐十二年，蒙军在汪德臣（汪世显之子）的率领下，一度攻入成都，进行抢掠，然后转攻嘉定。余玠率嘉定守军与蒙军大战，大获全胜，将其赶走。当时蒙军只能龟缩在几个据点里，大部分乡镇仍在南宋基层政权管辖之下。

公元1258年，即宝祐六年，蒙古政权分兵四路伐宋。四川制置使蒲择之事先派刘整守住涪江上的箭滩渡，以遏制蒙军前锋纽璘东进成都，但刘整与纽璘军大战了一整天后，却被蒙军击溃。当年九月，纽璘军又一次占领成都。

成都在蒙军占领下，以这一次的破坏为最小。公元1260年，即景定元

◎ 玉皇殿

年，因蒙古元帅纽璘征蜀有功，大汗忽必烈就命他驻守成都。纽璘本人虽是蒙古珊竹带人，但爱好儒学。他在成都期间，积极改善城区凋敝的面貌，奏请蒙古朝廷批准，将文翁石室、扬雄墨池、杜甫草堂三处列为官方书院，他还私人出资整理修缮。此时，破落的青羊宫，也逐渐得到恢复。

公元1272年，即咸淳八年十二月，南宋政权的成都安抚使昝万寿，企图夺回成都，大破蒙军，焚毁了蒙古人修筑的成都外城。次年春，昝万寿军进讨蒙军占领的雅州和眉州，还收复了兴元府。

可是蒙军在伯颜的率领下，于公元1274年，即咸淳十年十月渡过长江，整个形势急转直下，南宋朝廷与四川的联系中断。公元1275年，即德祐元年，昝万寿在兵败后投降了蒙古政权。

忽必烈曾与道教全真龙门派祖师邱处机交往，元朝一代仍然尊奉道教。不过，元朝统治者毕竟是"骑在马背上的征服者"，曾经简单地把百姓分为十等。谢枋得在其所著《叠山集·送方伯载归三山序》文中提到"我大元制典，人有十等"，排在最后的是"七匠八娼，九儒十丐"；而郑所南《铁涵心史·鞑法》则记为"一官二吏，三僧四道，五医六工，七猎八民，九儒十丐"。其中道士排在第四位，比秀才的地位要高出好多级。

元代道教最重要的教派，北方是全真教，南方是正一道。14世纪成宗即位后，全真教的祖师苗道一、孙德彧、兰道元、孙履道、完颜德明等相继掌教，每任掌教皆授封为真人、演教大宗师、知集贤院道教事，受到社会上的尊重。

据王安明撰文所述，1941年因受日军飞机空袭，成都市决定拆除城门，拓宽道路，修筑防空洞。在拆老南门城墙时，发现一块基石竟然是残缺的元代蒙文碑，碑文仅存顶部一小半，约为全文的三分之一。经元史专家韩儒林考证，这是全国仅存的八思巴文碑。按元代圣旨体例，先要列出先帝名号，这一残碑共列九帝，末尾又有元至正二年（公元1342年）字样，故知碑记为元顺帝圣旨。最关键的是下面几句话：

青羊宫住的……圣旨与了也。这的每宫观里……休夺要者。……有圣旨么道，每体例勾当……圣旨俺的。至正（二年？）

由此可知，在元顺帝时期，青羊宫受到了皇帝圣旨的保护，这一残碑目前收藏在四川省博物馆里。

大明蜀王新修宫

蒙古大汗忽必烈,在公元1271年,即至元八年时改国号为"元",成为元世祖。他在公元1279年,即至元十六年灭宋,建立起统一的元政权。半个多世纪后的晚期元顺帝,仍然以"至元"为年号,公元1341年才改"至元"为"至正"。可是这时的元政权,已经危机四伏,朝不保夕。

公元1350年,即至正十年,社会上发生通货膨胀,已经影响到民生。加之黄河又发生严重水灾,朝廷强征民夫堵塞黄河缺口,导致了广大民众

◎ 照壁

对暴政的反抗。公元1351年，即至正十一年，河北滦城人韩山童父子宣扬白莲教，号召黄河劳工聚众起义；河南颍州人刘福通也加入白莲教，倡言"白莲华开，普度群生；弥勒下生，明王出世"，组织起北方红巾军造反；湖北罗田人徐寿辉，也以白莲教名义组织南方红巾军加以响应。一时天下骚动，群雄并起。随州人明玉珍聚集乡兵千余人，则在青山结栅自固。次年，他参加了徐寿辉领导的红巾军，被任为元帅。

公元1357年，即至正十七年春，明玉珍由巫峡引兵入蜀，攻下重庆，即以重庆为据点，逐渐占有川蜀全境，包括成都在内。公元1363年，即至正二十三年，明玉珍称帝于重庆，国号大夏。因白莲教口号中有"明王出世"之语，他认为说的就是他，便下令废除佛道二教，专奉弥勒。对于成都青羊宫，他根本不管不顾。

白莲教是一种民间的秘密宗教组织，源于公元1133年，即南宋绍兴三年茅子元创立的佛教净土宗分支白莲宗。其教徒禁食辛荤，不杀生，不饮酒，也不出家，专门信奉弥勒佛。

在公元1365年，即至正二十五年时，起义军中的朱元璋自立为吴王。由于起义军势力强大，而元廷内部则明争暗斗，地方行省的将领有时又各行其是，不听中央统一指挥，给吴王称帝提供了机会。三年后的公元1368年，即洪武元年，朱元璋建立起明政权，他的将领徐达率军逼近大都，元顺帝连忙逃往上都、应昌，在那里组织兵力反扑，但都被明军彻底击败，元朝于是灭亡。公元1371年，即洪武四年，朱元璋命汤和、廖永忠、傅友德等人由东、北两路取蜀，消灭了明氏夏廷，统一了天下。随后，他把自己的皇子们分别封为藩王，派驻全国各地，以巩固朱明政权。

公元1378年，即洪武十一年，朱元璋第十一子朱椿被封为蜀王。此人从小喜好读书，朱元璋曾戏称他为"蜀秀才"。

接着，就在残破的成都城中心，修建蜀王府。史称这一蜀王府的修建，直接利用后蜀皇宫的旧址，即今后子门至天府广场一带；整个工程历时5年之久。据成都闻人李劼人所述，蜀王府的规模达38万平方米，几乎占当时成都城区总面积的五分之一；坐北朝南，金碧辉煌，亭台楼阁，小桥流水，简直就是人间仙境；其中"菊井秋香"被誉为成都八大景观之一。在宏大的王府宫殿区外围，修建了一道宫墙，贴着墙外开挖出一条通往金水河的御河；御河之外还有一道砖城，民间称为皇城，正面有三道门洞。门外的广场中心，有十多丈宽的御道。广场南头，有一堵二十几丈长、三丈多高的影壁墙，刷成红色，老百姓叫作"红照壁"，至今这地名还在应用。距离宫墙门洞250米左右，东西两侧各有一座王府的鼓吹亭，东名"龙吟"，西称"虎啸"。

2001年，成都市文物考古工作队在后子门一带发现蜀王府遗迹，其中有一段近200米长的城墙，就是宫城西北角的墙体；两墙交接处有个4米见方的天井，天井北墙与排水沟相连，城内积水即由此流出城外；天井南侧还出土了一段砖砌房基，在那里发现了明代青花瓷片和大量建筑构件残片，还有大型柱基存在。

主持蜀王府的建设者，史称是景川侯曹震。但成都民间却传说是朱元璋派遣太监康泰宁来到成都，事先为蜀王朱椿营造一座豪华气派的行宫，等朱椿年龄长大后再来驻防。这位康公公不惜花费巨资，大兴土木。后来户部发现他耗用银两太多，便多次严词参劾，朱元璋不得不根据国法，赐其自尽。公元1390年，即洪武二十三年，蜀王府建成时，朱椿正式到成都进驻，只见康公公为他修建的王府如此富丽堂皇，心里非常难过，就专门修了一座"康公庙"，纪念这位含恨而死的太监。后来那条街便取名"康公庙街"，直至近代才改名为康庄街。

朱椿在成都期间，做了不少有益于社会的事。他倡导文化教育，尊重文化人士，还特地从王府拿出银子，提高贫困博士们的俸禄。那时各地藩王都在忙于训练士卒，加强武力，唯独他"以礼教守西陲"。就在此时，他重新修建了青羊宫殿宇，明代何宇度《益部谈资》说：那时成都城西南的青羊宫，"竹树青葱，殿宇宏丽"，成为一方名胜之地，官府的许多宴会，都经常在宫观里举行。

在许多明代文人写的文章中，都曾提到令人难忘的青羊宫。

　　明薛瑄写过一篇《游草堂记》，记录了公元1450年，即景泰元年九月，他与同僚们游成都草堂，路过青羊宫的情况。由于当时青羊宫和杜甫草堂都在成都城外，那天一早，他们便出中和门，过万里桥，沿着锦江向西步行了五六里，只见前面有座桥名叫"遇仙桥"，便想象到了仙境，原来过了桥就是青羊宫了。因为那里是道家所说"老子降于蜀青羊肆者"，所以名声在外，令人向往；后人利用那个地方建了宫观。从青羊宫再西行约一里，过了一座小桥，就到达草堂。杜甫诗中有所谓"百花潭"，可是在这草堂附近，却找不到这个百花潭，难道是岁久湮塞了？幸好浣花溪还在，从青羊宫西来所过的桥下那条溪流便是。

　　公元1577年，即万历五年的进士王士性，是一位与徐霞客齐名的旅行家。他在公元1588年，即万历十六年，因主持科考，入蜀来到成都，利用余暇游览了四川各地，后来写了一篇《入蜀记》，其中记述了他在成都的一段经历。

　　那一天，他也和薛瑄一样，自中和门出城，再过万里桥西，只见眼前的锦江江流，颜色青碧可爱，四野田塍沟溇，处处都是流水之声，水上林木翳映，生意盎然，所到之处都是人间佳境。又向西行十里左右，远远望见万绿参天，色彩欲流，原来那里就是青羊宫了。这座宫观里有著名的"古铜羊"，是建筑宫观时挖地而得。青羊宫里面的宫殿雄壮巍峨，后面还有一座讲经台，据说老君曾在那里讲经说法。

　　这天他离开青羊宫后，西行走过小桥，沿江到了武侯祠，再到大慈寺，看了诸葛井，这些地方都在城东。然后再出城过濯锦桥，走三里路到了薛涛井。接着又西行五里，进入中园；再向南数里，又到了昭烈陵；再西行三里，到了五块石；又西行数里，上升仙桥，再过青羊宫。这次就没有再进去，只是沿着浣花溪，从城西走到严君平卖卜之处，那里修了一座真武宫。再西至石犀寺；又西至支机石，那里有座使星亭。然后出西门，走五里路到了相如琴台，那不过是个田间的土堆，周围有一丛杂树而已。但路边倒有个牌坊，写着"琴台"二字，告诉人们那是司马相如的古迹。路旁有座老子度人观，属于道教建筑。从这里沿着小径，仍然可到青羊宫，只见周围田野一片空阔，满地是青豆红荞，碧草绿竹，五彩缤纷，秀色错落，称作"锦城"果然名不虚传。

从王士性的美文里，确实看到了明代青羊宫那里的美景美色，谁知仅仅过了半个多世纪，这条美妙的青羊，竟遭遇了一场红羊大劫。

圣迹仙宗青羊宫

明末清初再遭劫

明朝末年天灾频发，政局混乱，农民起义军四面蜂起，其中以李自成、张献忠两支最有力量。

蜀地煞星张献忠是陕北人，少年时期当过延绥镇兵。公元1629年，即明崇祯二年，陕北发生旱灾，广大贫民揭竿而起，为首"掌盘子"的名叫潘十万，延安副总兵随即带兵前去镇压，杀他和所属的上万人。此举不但没有消除动乱，反而激起民众的义愤，起义的人数更多，张献忠也在其中。由于他勇力过人，每次作战总是冲锋在前，于是很快被众人推举为"八大王"，成为一军首领。

张献忠治军有方，每次安营，便立即派出侦察人员，了解敌情。每走一里，就派发一批，因此对前方情况了如指掌。作战时他非常讲究方法，事先安排一批金帛、良马、美女，告诉军士，如果打了胜仗，就用这些来做奖赏。每次冲锋都有严密的组织，由一人领头，大队随之跟进，只能进不能退；如有人后退不前，监军者就把他斩了。在战术方面，主要采取打得赢就打、打不赢就走的策略，并不要求占据地盘；因此往往被人称作"流寇"。

公元1643年，即崇祯十六年冬，张献忠采纳了汪兆龄的建议，决计入蜀称王。次年初，张军水陆并进，直抵江津，然后攻下重庆。他采取一种威慑的办法，将俘虏割去耳鼻，或砍掉右手，驱赶到各个州县，并扬言："兵到不降者，就是这个下场！如果杀了城里官绅，封存财物等待大军，就一定秋毫无犯。"随后便分兵沿岷江、沱江、嘉陵江分头前进，一路上州县望风迎降，烽火百里不绝，成都大震。

公元1644年，即崇祯十七年八月初五，张献忠大军包围了成都。他一方面派间谍混入城中做内应，另一方面在没有砌石的北角城墙下埋炸药轰塌成洞，第二天很快就攻占了成都。按照"抗拒即老幼不留"的约定，张献忠将成都军民集中于中园，准备全部屠杀，但他的部下马元利、李定国、孙可望等人流涕苦谏："杀了民众，占领地方有何用处？"这才打消了张献忠的杀人念头。

张军占领成都后，经过两个月的酝酿，大西政权正式建立，张献忠当了皇帝，改元"大顺"，称成都为"西京"；设立左右丞相和六部尚书，封养子四人为王，娶明臣陈演之女为皇后。随后又开科取士，设立铸局铸造"大顺通宝"。但他始终没有出台促进生产、安定民生的政策。

张献忠有疑心病，怀疑敌人里有些间谍，可能就隐藏在他所重用的士绅和生员中间，于是制造了几场大血案。据野史《荒书》《纪事略》记载，他先命令各州县大量调集生员，到成都来应试，让他们住进青羊宫，用兵把守。那些住在青羊宫的童生，个个胆战心惊，有人半夜看到鬼魅现形，说有金甲兵丁无数，弄得大家从梦中惊醒，裸着身子叫唤，到处乱跑。守卫的人发现"秀才造反"，便持戟乱刺，黑夜之中众人相互践踏，死者数百；不过乘机奔出宫门逃生的人也有数百。剩下的数百人，随后转移到城中大慈寺，张献忠决定把他们全部处死。《明季南略》说，那场考试仍然照常进行，当天童生们陆续交卷时，忽然炮声"轰"的一响，伏兵四起，举刀持剑，入场屠杀。可怜那些童生东倒西侧，横尸满地，有的拿着笔墨，有的拿着砚台，景象惨不忍睹。

今人顾诚在《明末农民革命史》中指出："在张献忠施政的后期，出现了一种恶性循环：他越是感到孤立，就越加变得猜疑暴戾；而越是猜疑暴戾，又更导致他不分良莠地屠杀，使自己更加孤立。"公元1645年底，即顺治二年，在张献忠的倒行逆施之下，建立不过一年的大西政权便四面楚歌，军事上节节失利，他不得不撤离成都。

张献忠撤出成都时，实施了焦土政策。蜀王府里的宫殿，起初焚烧得不够彻底，后来用发火材料充填进去，才全部化为灰烬；只有宫墙十分坚固，破坏不了。有两根盘龙石柱，是后蜀时代遗留的文物，张军把它裹上几十层纱罗，再浸油三日，火一点起，柱子就折断了。有两个外国牧师写

的《圣教入川记》，客观记述了当时情况：张献忠离开成都时，下令将全城焚毁。张献忠在城外只见浓烟腾起，火光连天，高兴地下令四面加强纵火，一时公房私屋，楼台亭阁，一片通红，如同火海。转瞬之间，川中首府很快化为焦土。

"天府之国"成都，包括青羊宫在内，在张献忠的魔杖下就这样成为一片废墟！

张献忠死后数月，公元1647年，即顺治四年春，李国英率领清军进入成都，让张得胜留下守城，那时军队根本弄不到粮食，只好挖野菜、采草儿为食。

清杨忠羲《雪桥诗话》录有青神人余楱的《蜀都行》，这是最早描述劫后成都面貌的一首古风：

自我之成都，十日九日雨。浣花草堂益萧瑟，青羊石犀但环堵。生民百万同时尽，眼前耆旧存无几！访问难禁泣泪流，故宫荒废连禾黍。万里桥边阳气微，锦官城中野雉飞，经商半是秦人语，四郊廓落农人稀。整顿凋残岂无术？流亡安集诚可期。但得夫耕妇凿无所扰，桑麻树畜随所宜。数十年后看生聚，庶几天命有转移？

在余楱眼中的青羊宫，只有残破的断续围墙，以及隐在荒草中难以破坏的石犀。清初王士祯《陇蜀遗闻》说，他在青羊宫就曾见到过一头石羊，大概就是此物。近年在与青羊宫相邻的文化公园茶馆地下，确实曾经挖出一头石羊。

清王培荀《听雨楼随笔》中说，直到公元1659年，即顺治十六年时，成都城中仍然是草木丰茂，麋鹿豺虎纵横于民舍，旧时官署已经不可复识，来此上任的各个官员，多半栖身在城楼之上，兵丁们则忙着在城内到处射猎，因为蜀王府里的野兽大量聚集，两三年内都捕获不尽。

那时整个成都，简直成了茂林丰草的荒野和虎鹿野鸡的乐园，跌入三千年文明史中最黑暗的年代。

清府道众齐修缮

据公元1659年，即清顺治十六年时的统计，全川人口不过八九万，成都全城居民也只有数十户；闾巷不存，旧街难认，到处是断墙丛莽，兔走雉飞。有人站在南门城墙上，一天之内看见锦江对岸先后有13只老虎相继走过。清朝派到成都的官员，在城内竟然找不到能做官署的房屋，四川省府不得不设在比较完好的保宁府（今阆中市）内。

公元1661年，即顺治十八年，设立川陕总督，派肃亲王豪格的部下李国英专管四川。那时张献忠虽已死了15年，但他那些残余武力仍在四川活动，李国英忙着东征西战，直到康熙年间，才从重庆回到成都。公元1663年，即康熙二年，汉军镶蓝旗人张德地来到成都，担任四川巡抚。他根据当前情况，向清廷上疏说："四川自张献忠乱后，地旷人稀，请招民承垦。"建议如有文武官员能够招募到一百户人、垦田一千亩以上，就给予升官奖励。清廷同意了他的意见，还给了他一个"工部尚书"的头衔。从此"移民填川"的运动便逐渐展开。

那时的青羊宫，除了残垣断壁、一片废墟外，明代遗物只剩下铁铸鼎一个，铁铸花两株，烛台一对，都是正德年间的遗物。

公元1667年，即康熙六年，巡抚张德地在开展成都城市建设的同时，决定重新修建青羊宫。他要做的第一件事，是烧掉宫殿遗址中的杂树乱草，露出原来殿阁的遗迹；第二件事，是访问那些了解过去青羊宫情况的遗老遗少，共同研究应该恢复哪些大殿。经过一番艰苦的调查研究之后，他得知明代的青羊宫，计有"青羊、三清、五凤、万寿"四座大殿，"真武、纯阳、三官"三座道堂，还有"紫金、降生、说法"三座台和一座八卦台。门口有气派的山门和左右廊房，四周环绕着高高的围墙。张德地认为，需

要按部就班地一座一座恢复。由于官府没有这一笔重建经费，他就带头捐出薪俸，首先恢复重建主体宫殿。据张德地后来刻立的《重修青羊万寿宫碑记》，当时捐俸和投工的地方官，有新任河南巡抚的前藩台郎廷相、前臬台李翀霄，以及现任藩台金儁、臬台宋可发、督学张含辉，成都知府冀应熊、同知万文麟、通判马御世，连出差来川的"川湖制府蔡公"也出了一笔钱。

经过3年多的努力，青羊万寿宫在公元1671年，即康熙十年之春建成，其他殿宇也基本恢复，以新的面貌迎接四方来宾。当时由道士陶来御担任青羊宫最早的住持。

在这第一次修建时期，发现青羊宫里有两个巨大土堆。据金朝觐《青羊宫》诗序记载，张献忠在成都称帝时开科取士，参加考试的文生每人赐金一锭，引诱他们到青羊宫来，结果全部杀死，那两个土堆就是埋人的坟墓。上面虽然竹树葱茏，可是气象却相当阴惨，因为地下乱七八糟埋的全是尸骨。

公元1742年，即乾隆七年，山东聊城人安洪德一担任绵州知州，就愤怒地拆除了梓潼县七曲山大庙里的张献忠塑像。第二年（1743年），他调任成都府华阳知县。

安洪德在出外巡游中，发现青羊宫在70年前重建时，原属惨淡经营，质量本来不高，其时已是砖瓦破烂，木柱朽败，前殿后宇，有不少危在旦夕。于是便会同成都知县夏诏新，一同前往青羊宫巡视，查询宫内庙产及经济情况，并考虑此后修缮问题。结果发现青羊宫财务上只剩下条银九两多，田地并无一亩，全被前任住持、道人典尽卖绝。在这种被动的条件下，他与夏知县共同商量，由成华两县官府出面支持，将属于青羊宫的原有田产，先清理收赎回来，然后招佃耕种，预计一年可得租米二百多石，可作修缮费用。

他们制订的这一计划虽然比较现实，可是最大的困难，在于找不到一个可靠的人来主持修建工程。

不久，安洪德结识了公元1729年，即雍正七年即已住持武侯祠的全真

◎ 后苑石阶

龙门派第十代道士张清夜，发现此人素养很高，可以负责修建青羊宫之事，于是动员张清夜前来住持青羊宫。当时张清夜辞以年老，推荐他的徒弟汪一萃担任此职，并将徒孙王来通一起带去经营管理。安洪德十分满意，觉得青羊宫有了再生的希望。

张清夜果然不负所托，极力鼓励汪一萃等人共同节衣缩食，广泛募集资金，为青羊宫的修复做好各种准备。

公元1745年，即乾隆十年农历二月十五日，时逢太上老君圣诞，张清夜、汪一萃等人在青羊宫创悬经板，接待十方，使青羊宫成为十方丛林，安单接众，广招法嗣，为道众陶溶品性提供场所。所谓十方丛林，又称十方常住。道观内以敲响钟板的方式，安排道众遵守正规的作息时间。观中的常住道士，可从留住的游方道士中择优选拔。由于道众人数较多，要求管理严格。一般设有监院、都管、都讲、都厨，以及堂主、经主、殿主、化主、静主、钟头、鼓头、庄头、堂头、库头、门头、碾头、磨头、饭头、水头、火头、净头、园头、槽头、茶头、仓头、圊头等职。监院则总领全观事务。

经过一番周密规划，汪一萃等人开始修缮玉皇楼、紫金台、降生台、说法台，然后重修混元殿。

公元1748年，即乾隆十三年，青羊宫住持汪一萃羽化，王来通继任住持，持续进行宫观修建事务。过了三年，将中间的八卦台改建成八卦亭；左面的三官殿、右面的祖师殿，连同无极大殿（三清殿），依次修建告成。各个宫殿里都装金像，饰栋梁，彻底恢复了明朝道观的那种辉煌。

公元1751年，即乾隆十六年，青羊宫住持王来通准备将《阴符经》刻成碑碣，张清夜高兴地亲为题跋："今王来通以是经勒石，于一片至诚坚确之心，不独自行精进，实足以启发后人。"

这次青羊宫的复建工程，前后历时17年，一共用去4000多两银子。所有院墙装饰，道路培修，园林绿化，都达到了既定标准。当时人们评价说：宫观的壮丽景象，不啻十倍于前。

公元1759年，即乾隆二十四年，已是雅州知府的安洪德，到了告老还乡之年。他路过成都时，见到他计划修缮的青羊宫面目一新，内心十分高兴。当年被他力邀管理青羊宫的道长张清夜，热情地请他为青羊宫山门题写匾额，他不但欣然同意了，而且还郑重其事地写了一篇《重修四川青羊宫碑记》，后来刻立在宫观内。

此后，在公元1808年即嘉庆十三年，至公元1817年即嘉庆二十二年，住持秦复明又以6000多两银子，对青羊宫进行了一次全面的修缮。

时间又过了半个多世纪。

到了公元1873年，即同治十二年春季的一天早上，道士们刚刚进入三清殿诵经，三清神像座前的大梁忽然断裂，轰然落地，把地面打出一个大坑，幸好大坑离香龛经案还有二尺来远，没有伤人，显然是托庇神明的保佑了。当时的青羊宫住持陈教忠，为此愁眉苦脸，深以为忧，因为这次修缮费用一定很高，如何筹措，是个难题。于是遍约同人，广泛募捐。结果出乎意料,在广大信众的乐善好施下,居然筹集到不少资金。于是选用最好的木材,最坚的石料,将三清殿、八卦亭一并重建。多余的资金,又扩建了紫金台和说法台;以前的云水斋堂、祖堂、道院,规模都很狭小,而且也有不少成为危房,这次也同时进行改造,使之焕然一新。

整个工程在公元1882年,即光绪八年大功告成,刘桂文《青羊宫重修三清殿、八卦亭碑记》中说:八年来共耗费资金三万多两,工程可谓"既久且难",顺利竣工来之不易。

近代的青羊宫,再次获得了新生。

祖庭圣地聚珍奇

八卦亭上寓妙理

青羊宫里最有代表性的建筑物，应该要数八卦亭了。

提到"八卦"，不能不说它是中华民族的骄傲，因为它是万年以前伏羲氏的创造发明。伏羲又称包牺，《周易·系辞》中说：在包牺氏担任天下领袖的时候，他老人家仰面观察天文，俯首观察地理，观看鸟兽身上花纹和地上种种物象，启发出画卦的思路，于是近取人身的特征，远取物性的要点，终于画出象征各种事物的8个符号，称为"八卦"；就利用这八卦"以通神明之德，以类万物之情"。要知道，在中国八卦诞生的年代，地球上的其他陆地，基本上还处于黑暗的原始蒙昧状态。

八卦的名称和形象，有一首歌诀表达得最简单明了：

乾三联，坤六段；震仰盂，艮覆碗；
离中虚，坎中满；兑上缺，巽下断。

夏商周三代的哲人，总结出由八卦推演而成的宇宙理论，由《系辞》作出精要的归纳："易有太极，是生两仪。两仪生四象，四象生八卦；八卦定吉凶，吉凶生大业。"后来的哲学家，又归纳成"无极而太极"这句话，由太极分化成两仪，两仪再派生出四象和八卦，于是标志着万物。如果要寻找这些理论的简明表述，那就得翻开老君亲著的《道德经》，在书中第四十二章里有"道生一，一生二，二生三，三生万物。万物负阴而抱阳，冲气以为和"这些话。实际上无极就象征"道"，太极就象征"一"；太极生两仪就相当于"一生二"；八卦的各种形象就代表"三生万物"，因为每一卦都是由阴阳构成的，所以"负阴抱阳"。《南华真经》（《庄子》）也说，

"《易》以道阴阳"——因此,八卦与道教文化的关系,实际上非常紧密。

早期道教经典《太平经》卷七十二《斋戒思神救死诀》早就指出:"八卦乾坤,天地之体也。"意思是八卦的卦象,正体现着天地的本体。东汉道教丹经王《周易参同契》中,全用八卦象数学来阐述丹道的原理。《抱朴子·遐览》中说,东晋时已有"八卦符",而且申明那是道教的"大符",可见此时道教文化已将卦象融合到了符图中去。

宋末元初,全真教祖师王重阳有一首《八卦歌》,还巧妙地把文王八卦图与道家丹道修炼结合起来,非常有趣,现全文录下:

到西北——"乾三联",内里有个玄妙玄。又不语,又不言,只是当人默默眠;不打坐,不掺谈,一思一想透光寒。包得紧,埋得严,宛能替祖把道传,有人猜透奇中异,修个神仙不费难!

◎ 八卦亭

到正北——"坎中满",苦海浪波却不浅。扭回头,就是岸,如今修行也不晚;加上功,快忙赶,累得当下嘘嘘喘;有心放下歇一歇,恐怕旁人撇下俺。同上安阳极乐国,龙华会上齐大贤。

到东北——"艮覆碗",来来往往上舟船。又不倚,又不偏,无相真人在中间;不怕火,不怕烟,早也行,暮也参,真人闯出昆仑山。四大金刚来拥护,龙华会上聚群仙。

到正东——"震仰盂",真人坐在双林树。散一散,聚一聚,真人方得出的去。阴曹地府抽了名,倒叫阎王生了气;差个小鬼去拴去,一蹦跑到家里去。

到东南——"巽下断",真人坐在传真观。加上火,添上炭,两边又支八罩扇;扇一扇,炼一炼,金光闪闪出了现,要赴王母蟠桃宴!

到正南——"离中虚",中间现出夜明珠。拆五经,对四书,个个前言从此趋;要克己,藏如密,默默无言赴天机。子午卯酉正一正,合眼就是上天梯。

到西南——"坤六断",真人坐在安王殿。摇一摇,变一变,行走提着三皇剑;割断名利里锁绳,八十一劫续长链;快如风,急如电,立刻就把王母见,要赴王母蟠桃宴!

到正西——"兑上缺",真人得了真口诀。喂饱牛,套上车,拉到行炉去打铁;打一打,接一接,暗暗包藏少露些。虽然不得神仙坐,也躲十年大魔劫。

到中央——"戊己土";五三一,二四五,不离金木水火土。长存仁义礼智信,朝习文,暮习武;锁住青龙共白虎。九宫八卦参一参,个个都能修元祖。

八卦文化交代清楚之后,就该讲讲青羊宫的八卦亭了。

清初张德地重修被彻底破坏的青羊宫时,本想寻找历代修建时刻立的碑碣,好做参考。可是他当时发现,宫里的所有碑碣都成为碎片,一块完整的都没有。再去找明代的县志,当时也无法获得。可以说,在他面前的青羊宫史，只是一片空白！唯一的办法，是访问劫后仅存的"老成都"，用采集"口碑"的办法弥补缺陷。经过艰苦的调查，倒是得到了一些口头资料，从中得知，明代除了"后苑三台"以外，还有个"八卦台"。可能当时这座台还有些石砌基础仍在，因此在修复时，在上面简简单单地搭了一个草亭，成为今天八卦亭的前身。

明代的八卦台是个什么样的建筑？它最早建于何时？这些信息皆已完全失传。有人说八卦台隋唐时期应该就有，可能只是想当然的说法。

八卦亭的重建，完成于公元1751年，即乾隆十六年，汪一萃、王来通大修之时。当时的构思是：既然八卦象征万物，则应以天地象征宇宙。古人最早的宇宙观是一种"盖天说"，认为整个宇宙就是圆穹状的天，覆盖在又平又方的地面上，简而言之便叫作"天圆地方"。因此八卦亭的台基构筑成方形，以象征"地"；而亭子的顶盖则建成圆形，以象征"天"，并以此来体现盖天的学说。至于支撑亭顶的柱子，确定安排8根，以造成8个平面的空间，对着8个方向，这样就能体现出八卦图的内涵。因为亭子内部一半朝阳，另有一半居阴，因而太极两仪的图像，又于无形之中体现出来。于是整个八卦亭，就将《道德经》"道生一，一生二，二生三，三生万物"，以及"人法地，地法天，天法道，道法自然"的理论，涵盖无遗。

如此具有玄奥理论内涵的八卦亭，恰恰布置在南面的混元殿和北面的无极殿（今三清殿）之间，也含有由后天返回先天的意思。不过乾隆时期的八卦亭，仍然属于恢复阶段，面貌比较朴素，从视觉上捕捉不到那么多的文化背景。而公元1882年，即光绪八年重建成功的八卦亭，就从形式到内涵完全统一起来，达到了完美的境地。

当时全亭建筑可分三部分：最上一部分是穹隆状的双层亭顶。顶部的圆形顶盖，分布有8条屋脊，以琉璃空镂釉瓷花方砖镶砌，以流线型线条向下延伸，两面贴有碗瓷花飘带，形式自然而流畅；它的尾端盘绕着琉璃青龙，称为螭吻，为龙生九子之一；飞檐末端砖雕的三个动物造型，称为嘲风，也是龙子之一，分别镶嵌在接近翘角之处。屋檐覆盖着黄色琉璃瓦，庄严清丽；顶盖中心最高处有一座高约3.6米的琉璃质葫芦宝鼎，下安莲花瓣形托座。

顶盖下面一层，四周有龟纹隔门和云花镂窗，形成八面隔墙，每面悬挂着八角形的黄牌，每牌绘画八卦中的一个卦象，按照先天八卦图的方位，南面安排乾卦，北面安排坤卦，东面安排离卦，西面安排坎卦，以顺时针为序，依次为乾、巽、坎、艮、坤、震、离、兑。隔墙的下面，是一圈八角形的屋檐，覆盖着黄绿紫三色琉璃瓦，扩延出顶盖部分之外，仍然有飞檐鸱吻，使亭身横向总宽度达到17米。

中间的亭身部分，由内外两圈巨石凿成的石柱支撑着上面的重檐，每圈有石柱8根。柱高约4.8米，直径约50厘米。内圈8柱之间，仍有雕花门扇围绕成的隔墙。外圈8柱则是国内罕见的石雕艺术珍品，全为浮雕镂空滚龙抱柱，构成无遮回廊。相传全亭那8根石柱上，一共雕刻了81条龙，象征着道教传说中的"老君八十一化"，以及《道德经》八十一章。在东、西、南三方石柱的龙雕之间，还刻有红底金字的三副联语。整座亭体

◎ 八卦亭

全属木石结构，不加一栓，不用一楔，而是用枋、棁、栓、榀等凿成穿孔，斜穿直套，相互逗榫衔接，纵横交错，丝丝入扣，构成建筑奇观。

底部的台基部分，呈四方形，三面均有梯步。围绕着雕花石板栏杆，构成八角形，地坪铺着赭色石板。在亭基的外围又有一圈雕花石板栏杆，仍然构成八角形。这样一来，全部亭高度在20米左右。

在八卦亭南方的正门顶上，悬挂着"紫气东来"四字匾额；在这一方向的台基两层石板栏杆之间，斜立着一块石刻太极图，奇怪的是太极的外围，并不直接刻起八卦，而是刻了一圈十二生肖图，其中"子鼠"的图像居于顶部正中；与之相对的"午马"，则居于底部，给人一种"坐北朝南"的印象。最外一圈才刻有八卦图像，其方位按照文王八卦的布置方式，北方的坎卦居顶部正中，而南方的离卦则居其底部。

八卦亭东、南、西三面开门，三方都有石阶可登。有趣的是朝西的门上有块匾额，上面写着"老儿不老"四个字，显然就是指亭中供奉的太上李老君了。从上款"癸酉年二月十五日"得知，那是1933年所立；从下款"信士田俊如敬上"得知，那真是个十分风趣的信士。

8根镂空滚龙抱柱之中，靠北面的那根柱上，有个拳印大小的缺陷印迹。民间流传着一段神话，说的是八卦亭竣工前夕的半夜子时，面对三清殿的石柱上那条蟠龙突然复活了，正准备腾云而去，恰好被月御值日使者发觉，一拳打过去，把它定在柱子上，这才留下了那个拳印。

双铜羊身合川俗

　　上古蜀国有崇石的风俗，虽然成都周边不出石头，但石刻造型历代都有遗留。如南郊石羊场的得名，就因为那里康熙年间修建的关帝庙内，有一件灰红色石雕绵羊，长160厘米，高80厘米。石羊呈匍匐状，伸颈向上，略向右视，全身有细长的卷纹，刻工相当细致。青羊宫自古以羊命名，可能老早就有石羊造型，存在观中。清初王士禛《陇蜀遗闻》说，他在青羊宫里就看到过这一石羊。

　　明代天启年间编纂的《成都府志》，是现存时代较早的方志，书中提到青羊宫乃明代"道纪司"的所在地，正殿里置有铜羊。王士性游览成都时也曾见过，听当地人说，那是从地下挖出来的。大概铜羊在宋代已经存在，宋末元初战乱时，被埋到地底下去了。明末曹学佺《蜀中广记》中说，青羊宫里有青铜铸成的羊，大小如同麋鹿。不过，这些明代人提到的铜羊，并没有说是一只还是两只。

　　遭遇过明末清初严重的战乱之后，有一只幸存的铜羊居然被人发现了。公元1672年，即康熙十一年，王士禛出使成都时，曾见过它的尊容。可是隔了十多年后，公元1696年，即康熙三十五年，他再次来到成都青羊宫，却找不到这一铜羊的踪影。难道有人偷出去卖掉？果真如此，那么买主又是谁？至今这还是一件无头悬案。

　　公元1732年，即雍正十年，酷爱金石的大学士张鹏翮，在北京文物市场上见到一件羊形独角铜兽，长90厘米，高60厘米，色如赤金，闪闪发光。其造型独特，工艺精巧，胸前还有隶书阴刻"藏梅阁珍玩"五个字。那字倒不太古朴，张学士怀疑是明代蜀王府的故物，便高价收买下来，专门送到青羊宫内，让这一宫观名副其实。当时他在座下还刻了一行铭文：

"雍正元年九月十五日自京移于成都青羊宫,以补老子遗迹。"据说这件铜器运到青羊宫后,发现底座上还刻了一首落款为"信阳子题"的七言诗:"京师会上得铜羊,移往成都古道场;出关尹喜如相识,寻到华阳乐未央。"这首诗虽然道明原委,也还风趣,但只能算是"竹枝歌"一流。

其实这一"铜羊",实际上并不能算羊,因为它造型奇特,全身集中了十二生肖的特征,有着鼠耳(子)、牛鼻(丑)、虎爪(寅)、兔背(卯)、龙角(辰)、蛇尾(巳)、马嘴(午)、羊须(未)、猴颈(申)、鸡眼(酉)、狗腹(戌)、猪臀(亥),俨然是一只青铜怪兽,当初的制作者真有超乎寻常的想象力。有人认为,那可能是南宋末年丞相贾似道"半闲堂"家藏的熏香炉,也有人认为是明代严世蕃家的熏衣器,种种说法都有一定的道理。据前辈道士说,严家在铜羊上面还镌有铭刻文字,道士十分厌恶,随后就用生漆黏布把它覆盖起来,后来这块漆布也被人揭去,连同文字被全部铲

◎ 铜羊

◎ 铜羊

掉,所以至今已无法考证。这件珍贵的文物,自从被送进青羊宫之后,就被奉为"神物",度过了它漫长的"神羊"生涯。

青羊宫里还有另一只双角铜羊,造型便比较现实。那是公元1829年,即道光九年,由成都信士张柯氏特地约请云南匠师陈文炳、顾体仁两人,专门为青羊宫铸造的,体量大小与独角铜羊基本相等,以便配成一对。这两只铜羊后来就放置在三清殿左右两侧,彼此相映成趣。

自从有了这一对神羊以后,自清代中期起,成都便热烈兴起一种新的民俗——到青羊宫里去摸羊!人们头上有了病痛,就摸羊头;背上有了病痛,就摸羊背;如果妇女不孕,就摸羊的肚皮。张鹏翮的后裔、清代诗人张问安在《游草堂后复行青羊宫历二仙庵归饮庚堂斋中书事》诗中说:

神羊崭然见头角,辇自都下由先公。祈祷能使腰脚健,人来个个

摩青铜。

后来的许多竹枝词,也不断在描述这些趣事。如公元 1923 年,即民国十二年,刘师亮《成都青羊宫花市》的一首:

闻说铜羊独出奇,摸能治病祛巫医。求男更有新方法,热手摸他冷肚皮。

徐重蕃《成都青羊宫花会竹枝词》也曾问道:

周身摸得亮光光,任你摩挲不喊黄。未识张公称百忍,可能忍气像铜羊?

时至今日,自从国家恢复宗教政策,开放了青羊宫,两只铜羊便被列为省级保护文物。成都老百姓仍然相信铜羊有一种神力,能治百病,头痛摸头,脚痛摸脚,背痛摸背,无不热衷。就这样一传十,十传百,都说有点灵验。可是两三百年触摸下来,铜羊表面锃光瓦亮,厚度渐渐变薄,恐怕不久就要"穿孔"了,道士们十分担心。于是在 2004 年道教文化节期间,特按原羊比例放大两倍,仿制了一对铜羊,放置在三清殿门前,专供更多游客触摸、照相之用。那一对文物原件,则放在青羊宫道教文物陈列室内,进行保护。

三殿以外有三台

青羊宫内殿宇的情况，古代记载大都缺失，不得其详。

据清初张德地的访问调查，得知明代的青羊宫内，大殿共有四重，分别称为青羊、三清、五凤、万寿。除了三清殿现在仍然有此名称以外，大概"青羊"就相当于现在的斗姥殿、玉皇楼位置，而"万寿"可能是现在的混元殿，那么"五凤"那里，也许是后来修成的八卦亭了。乾隆初年修复的殿宇，按安洪德碑记所述，八卦亭的左边是三官殿，右边是祖师殿，明代则称为三官堂和纯阳堂。亭北是无极大殿，亦即三清殿；后面还有玉皇楼；亭南则是混元殿。清嘉庆《四川通志》记有一座"通明宝阁"，又说"今废"，那就应该是明代玉皇楼的名称了，至今那里还保留着"通明殿"的匾额。刘沅有篇碑记叙述公元1815年，即嘉庆二十年重修青羊宫三元殿告成。这"三元殿"的名字，不见于其他文献，也可能是三官殿当时的雅称。

青羊宫殿宇的主体是三重大殿。

混元殿又名乾坤殿，面积616平方米；内有石柱26根，木柱2根；柱上浮雕镂空的鹿、凤、狮等图像，生动活泼。

三清殿是青羊宫的主殿，又名无极殿，是面阔五开间的单檐硬山式建筑；殿内共有36根大柱，其中木柱8根，石柱28根；殿基长40米，呈正方形，总面积1600平方米，建筑宏伟庄严，高敞雄丽。殿前左边有明代铸造的"幽冥钟"，重约1.5吨；右边配有应鼓；每逢农历初一、十五和吉庆大典时，道士便击鼓鸣钟。东壁上有老君八十一化浮雕。以前一对铜羊，就安置在殿内左右。

斗姥殿，又名元辰殿，为悬山式全木结构，是青羊宫内唯一完好保存

至今的明代建筑。殿内供奉三目四首八臂女神"先天大梵斗姥元君"。殿前还有十二生肖浮雕。

除了这三大殿之外，青羊宫里最奇妙的布局，就是"后苑三台"了。原来三大殿的北面，原是地势逐渐升高而成的土丘，略呈椅背形，向内微曲。当初修建这三台时，无形之中就把土丘切成三块，仿佛是个"品"字形。这样一来，平面形状便好似天上的三台星。

在中国古代天文学中，三台星属于"太微垣"这一天区，《宋史·天文志》说：三台星共有六颗，两两排列，从文昌星开始，一直排列到太微垣，又称天柱，在人间称作"三公"，在天上称作"三台"。西边靠近文昌的两颗星，称为上台，司命；以下的两颗星称为中台，司中；东边的两颗星称为下台，司禄。书中又说：上台两颗星位于柳宿以北，最北边伸入柳宿六度；中台两颗星，北边伸入张宿二度；下台两颗星，北边伸入翼宿二度。因此三台星在二十八宿天区里，跨越了柳、张、翼三宿。

按照西方天文学的名称，三台星属于大熊星座，是北斗七星斗魁后面的一部分。有趣的是现代天文学家最近发现，在大熊座范围内有个行星系，里面不仅有类似太阳系里的"太阳"，还有类似土星和木星的两个巨行星。所以古老的三台星，实在有点神奇。

《云笈七签》记述：三台星的神灵，早上是龙，中午是蛇，晚上是鱼。道教《无上黄箓大斋立成仪》又说：那神灵又称三台华盖星君，包括上台虚精开德星君、中台六淳司空星君、下台曲生司禄星君，能使人们同增禄寿，消除祸殃。

把天上的三台移到地上来，利用青羊宫北部土丘这种特殊地形，自古就建立起三座高台，称为"后苑三台"。事实上已经将土丘分割成三块，分别称为紫金台、降生台、说法台。这或许就是纪念老君降临青羊肆的古台遗迹，上古这种人工堆筑的高台很多，普天下都有所分布。这里的三台有无人工堆筑迹象？由于未曾勘探，不得而知。

这种别致的布局，在国内其他宫观中比较罕见。难怪青羊宫里的三台，形成了整个宫观建筑群的有力压轴。

最北面的正中位置，位于三重大殿的中轴线上，矗立着一座紫金台，又名唐王殿，因为殿内塑有唐高祖李渊和唐太宗李世民君臣们的塑像。唐代的玄中观里，是否有这样的供奉已不得而知。但至少在明代志书里已作出三台的记录。

如果紫金台在平面上是"品"字顶上的那个"口"，那么下面两个"口"，就是东西两侧的降生台和说法台了。

东边的降生台应该比较古老，相传老君与关尹相约，分身降化于此，因此殿内塑有"太上无极圣母"像和老君降生图。西边的说法台，明清方志皆记为讲经台，相传是老君为关尹或张道陵讲解道法的地方。

在这三台与斗姥殿之间，明朝那时还有一座通明宝阁，在清初战乱中遭受严重破坏。乾隆年间便重新修建成一座玉皇楼，道光年间因颓朽再次修缮。由于这座楼位于土丘与平坝间的过渡地带，地基本身不够巩固，加

◎ 说法台

◎ 说法台

之缺乏及时维修，经历了一百多年的风风雨雨之后，到现代已经成为危房，1977年不得不加以拆除。后来，1995年在住持张元和的努力下，重新建成一座楼底式建筑，仍然称为玉皇殿。1998年8月，青羊宫道观刻立了一块《重建青羊宫玉皇殿碑记》，清楚地说明了事情原委：

> 青羊宫原玉皇殿重建于清道光年间，系两层木结构殿堂。至1977年因年久失修而拆除。90年代初，党中央为贯彻落实宗教信仰自由政策，将青羊宫列为全国重点宫观开放。历史悠久之道教圣地，得以道德重辉，香烟缭绕，迎来海内外众多信友及游人朝拜与观赏。为了使青羊宫殿堂完善，道观管理委员会决定，按照原玉皇殿堂造型，以现代修建工艺重建于原址。西蜀夏君获悉此讯后，当即慷慨捐资，并联合海内外友人筹资50余万元人民币，作为修建玉皇殿工程费用；另有

广大善男信女，也为修复此殿积极捐资；遂由道观老当家张元和主持，于 1995 年 12 月建成此殿。为使集资建殿之功德流芳百世，特此碑记捐资者名列于后。

混元殿前重新立起了唐代乐朋龟的长篇碑记，三清殿前重新立起了清代张德地、刘桂文的建设碑记，玉皇殿后又重新刻立了唐僖宗诏书碑。只有上述这块碑文纯粹是白话文，所以全文录在上面，也许将来会成为一件别致的文物。

张仙诗碣称双绝

青羊宫多次历劫,至今文物不多。2009年7月,成都市青羊区文管所查看了青羊横街末端望仙桥桥头的3根石柱。原来这品字形排列的3根石柱,竟然是清代青羊宫山门处的"北斗七星桩",现在仍然立在望仙桥桥头北端。石柱质地为红砂岩,整体呈四棱柱状,其中一根原来刻的字迹还能看到,但因风化已不完整。另两根柱头呈蘑菇状,柱面上已经看不出任何字迹。经过测量,3根石柱的高度,分别是2.59米、3.77米和3.89米。

现在三清殿内的神龛左右,分别立着近一个世纪以前制作的石碑。右边是《纯阳祖师真相》碑,左边是《三丰祖师肖像》碑,原先是立在二仙庵里,近半个世纪才移到青羊宫三清殿来。

《纯阳祖师真相》碑高约2米,宽约1.5米,阴刻吕洞宾全身立像:幅巾束首,身穿长袷衫,腰系丝绦,胸前浓须飘拂,双手半握,双足赤裸,面部微仰,状似行吟。在碑的右上方刻"唐吴道子敬绘"、"蜀都二仙庵刻石"字样,押白文"道师"印一枚。还有一段行书跋文:

纯阳祖师历来显应最多。前清祖师显道,河工告成,嘉庆帝加封"燮元赞运"神号,隆其祀典,自今称之。

自古无不爱民之国家,亦无不爱人之圣贤。仙佛人天一气,感而遂通,此心此理,千古皆同,不外一"诚"而已,岂得以为虚缈乎?

下款题为"下民刘咸荥敬识,时年八十有一"。在碑的左上方,刻有《敬祝祖师诞辰》七言古诗一首:

浩瀚洞庭千万顷，水天一色碧无痕。烟头月更清于水，黄鹤衔来益寿樽。吕仙妙笔自高翔，分得乾坤日月天。飞上层峦诗句好，君山高出秋如春。冬日之阳夏日阴，爱人心即是天心。长髯一片慈光满，缕缕丝丝云意深。杀气纷腾尽扫开，吕仙望目步江隈。浪花翻处腥膻净，一剑横飞去不回。情殷救世几时间，游戏寰间豁笑颜。愿化洞庭湖内水，太和春酒满人间。

下款题为"民国二十七年岁在戊寅四月十四日，下民刘咸荥敬撰并书"。

由此得知，这碑是1938年所立。

另一块《三丰祖师肖像》碑，高1.65米，宽62厘米，阴刻张三丰全身立像。采用白描单勾手法，注重表情达意。刻像体格短壮，浓眉圆眼，须髯如戟。头戴平冠，身穿云霞紫绦道袍，腰挂文帚，足蹬草履，两手相合。

碑的左面上刻有一段文字：

王伏阳老律师商舆申律师竹青嘱：摸刻贵州平越府仙人洞三丰祖师肖像。

捐资助刊善信：王德清、梅真善、高真孝、高真德、李真一、林诚让、毛理乘、李至明、诸明光。

监制：祝理成、杨诚立、廖永清、陈兴友、刘理光、黄明汉、袁理彬、张纯阳、王明理、张理银。

监院邹率一，率众书丹。

民国三十四年十月□日，技师汪永福敬镌。

由此可知，此碑立于1945年。

在碑阴又刊刻了明代陆西星所撰《张三丰先生传》全文。落款是"中华民国三十四年岁次乙酉孟秋月，李旭书丹"。

这两通碑刻，现在当然成为文物了。

谈到张三丰仙师，那是道教中最具特色的人物。他不但集道士、养生家、文士、武术家、诗人、书画家、官吏于一身，足迹无所不到，并开启"隐仙"丹道一派；而且甘居卑下，行踪隐约，如神龙不见首尾，明朝两代开国皇帝很想见他，他就偏偏不见，根本无法找到他的行迹。他还有死而复生的经历，于元明之际在世两百多年。民间关于他的传说，几乎和吕洞宾一样多。

张三丰的籍贯，史志多称在辽东懿州(今辽宁彰武西南)。他的生年，严格说是公元1247年，即南宋理宗淳祐七年，也可说是宋末的人。此时北方辽、金皆被蒙元政权兼并，其祖其父都处于蒙元域内，三丰少时得与名士刘秉忠、廉希宪交往，如果他出生在南宋地域内，显然就不可能。

仙师留下很多诗文，特别是他早期诗集《云水集》中，有许多行踪的线索。据他写的《玄要篇》序得知，公元1314年，即延祐元年，他67岁时，在终南山得遇火龙真人传以大道。《云水集》载有《终南呈火龙先生》、《出终南二首》诗，可以为证。后来他南至武当，调神九载而道成，那时已经87岁。公元1384年、1385年，即明太祖洪武十七年、十八年曾两次寻访，他在公元1385年，即洪武十八年写过一首《却聘吟》："流水行云不自收，朝廷何必苦征求。从今更要藏名姓，山北山南任我游。"表示不见皇帝的决心。

明政权建立后，他再次来到成都，劝说蜀王朱椿入道，但没有成功，便逗留在湖北。他曾经说过："我游览山水多年，最留意的地方是蜀之大峨，楚之武当；因此在那里各建一庐，为往来栖真之所。"他诗中也有"楚蜀频来自往还，结庐高卧两名山"之句。

公元1407年，即永乐五年，明成祖又派胡濴等人到处寻访。公元1412年，即永乐十年再命孙碧云到武当山修建宫观，并致书相请。直至公元1416年，即永乐十四年都找不到他的踪迹。公元1417年，胡濴等人只好打道还朝，始终未能见到此时已170岁的张三丰。

在《云水集》诗题中，涉及四川地域的有《蜀市》、《锦江》、《还蜀》、《入蜀》、《将之巴蜀》、《成都留题》等，可见他对西蜀的眷恋较浓。

◎ 降生台

《玄要篇》中录有张三丰所作回文诗，成都二仙庵和大邑鹤鸣山，都有依据他"龙蛇体"墨迹刻成的诗碑：

桥边院对柳塘湾，夜月明时半户关。遥驾鹤来归洞晚，静弹琴坐伴云闲。烧丹觅火无空灶，采药寻仙有好山。瓢挂树高人隐久，嚣尘绝水响潺潺。

这诗倒过来读就是：

潺潺响水绝尘嚣，久隐人高树挂瓢。山好有仙寻药采，灶空无火觅丹烧。闲云伴坐琴弹静，晚洞归来鹤驾遥。关户半时明月夜，湾塘柳对院边桥。

无论顺读、倒读，都是好诗。

青羊宫二仙庵内原刻有张三丰诗碑几种，其中有一块著名的"三丰碑"，镌刻的是他的"瓜皮诗"：

　　玉境闲寻采药翁，草堂留话此宵同，试看山下云深处，幸有人间路不通。

　　泉引藕花来洞口，月移松影过墙东，求名心在实难道，明日马蹄尘土中。

碑文笔势如龙蛇飞舞，远看清晰，近看模糊，故称"龙蛇体"，可惜原刻业已湮失，仿刻也不存在，实在令人遗憾！

丹台碧洞二仙庵

臬台良璧遇高道

　　青羊宫的东面西郊河上有遇仙桥,百花潭侧有迎仙桥,西面锦江上有望仙桥,磨底河上有送仙桥,全都是古代遗留下来的桥梁。成群的仙桥围绕着一座"仙都",那就是与青羊宫连体的二仙庵。刘师亮有首著名的《竹枝词》,脍炙人口的名句便是:"随郎行过桥头去,笑指'仙都'路不遥。"

　　二仙庵年纪较轻,大约只有青羊宫年岁的十分之一。它的诞生,与清代初期一位笃信道教的地方官员分不开——他便是奉天开原人赵良璧。

　　赵良璧起初在山西做官,公元1664年,即康熙三年任山西襄垣知县,公元1669年,即康熙八年任山西徐沟知县,后来才到四川。公元1695年,即康熙三十四年任按察使,管理"通省驿传",凡是邮政、交通、工商业、基本建设,都要去管,人称"臬台"。两年后调浙江任布政使。

　　成都自公元1682年,即康熙二十一年,四川总督蔡毓荣等人平定了吴三桂叛乱之后,市容市貌得到较大改善。旧有的名胜古迹,一一修复原状,青羊宫也逐步恢复旧观。

　　年近六旬的赵良璧来到成都之后,公余之暇最爱到青羊宫附近散步,因为那里已是郭外,茂林修竹,溪水潺潺,俨然为隐人逸士栖息之地。就在他上任那年的四月二十日,正逢他休假之期,便想到西郊一游,寻访张三丰真人诗碑的遗迹。那天下午他一路走来,寻寻觅觅,仿佛若有所遇,不觉进入一丛绿竹林中,只见那个地方分外清幽,他的心情十分舒畅,就径直向前行进,远远望见树下有一间简陋的草庐,虚掩着柴扉。他感到别有情趣,不禁好奇地推开柴门,只见里面有个老道士正在盘膝静坐,看样子真是仙风道骨,一副有道之人的模样。他站在那里注视良久,那个老道士一动也不动,好像没有觉得有人进来一样。赵良璧抬头看见草庐正中供奉着一张小图,上面画了两个仙人图像。画上有一行文字,写明是吕、韩二仙。赵良璧静静地站立了许久,又是奇怪,又是敬佩,接着就在旁行了大礼,将道士搀扶起来,邀请真人到按察司衙门里的积翠轩去做客。那道士也不作声,默默地上了他的马车,一齐往他的住所中驰去。

最令赵良璧不解的是,老道士从简陋的草庐来到轩敞的官衙,仍然是不动声色,兀然盘坐,凝神静性,整个夜晚不发一言,不吐一词,连眉头也不皱一下。赵良璧恭恭敬敬陪他坐了两个时辰,实在忍不住要提问题。

"请问道长从哪里来?"

老道士的回答很简单:"从青城山来。"

"请问道长现在生活如何?有无困难?"

老道士的回答更简单了:"随缘而过。"

"请问道长家乡何处,尊姓大名?"

老道士仍然简单回答:"湖北人,俗姓陈,法名清觉。"

半生崇尚道教文化的赵良璧,不禁发出一通长篇的感叹:"唉,唉!古往今来,士大夫们一旦有了一官半职,得到了一点名位,马上就会命家人修建别墅,作为退休以后养老的乐园。有时候漂亮的园亭修成已久,主人从来就没有来过一次;有时主人虽然暂来一趟,随即走开,反而不如路过借宿的客人,还要流连几晚。推想到当今不少道教中人,作风也无不如此。你看那些道教权威,平时敲锣打鼓,高谈道德,样子倒像个真人,却随时随地打走穴的主意,声称准备老了退居二线。其实他是才离此庙,又上彼庵,到处自吹自擂,到老不止。这种现象真是可悲呀,可叹呀!人生百年,终归寂灭,我们何时能够息心啊?今天遇到你陈道翁,静守一庐之境,不求人知,真叫作野鹤无心,白云常在。我能够与道翁相遇,那确实是一种缘分!虽说修真养静,一切皆空,但是这个皮囊还在,如果连遮风挡雨都做不到,粗茶淡饭也吃不饱,那我今天遇到你老人家又有什么意义?"赵良璧话题一转,下决心说:"我一定要为道翁办一件实在的事!"

这位陈清觉,确实是位了不起的高道。他本是湖北武昌人,学识渊博,

精通儒道经义。原来在武当山太子坡，投靠全真教龙门派道长詹太林，成为一名全真道士。公元1667年，即康熙六年，他开始游历四川，参访到青城山天师洞，见到那里风光奇秀，但殿宇却很荒凉，因而留居下来，下决心改善这一青城洞天。经过他多年的努力，青城山面貌大为改观，于是他便让道友张清湖住持庙务，独自在公元1687年，即康熙二十六年来到青羊宫挂单养静。

陈清觉一连在赵良璧衙门里住了三天，慢慢讲出一些深刻的道论，赵良璧想拜他为师，但他再三谦辞，使赵良璧更加敬佩。三天后，陈清觉告辞回庙，说今后赵大人随时可访，无不欢迎。赵良璧公事很忙，也就不再留他。

赵良璧有个雅号叫"海岸"，平时每有道心，都要写上几句诗，从此一有空就到陈清觉那里去，把诗拿给他看。谁知陈清觉也是一位诗人，立即与之唱和，他们二人往往密谈到半夜，讲到道法堂奥，竟然不知疲倦，忘记了睡觉。

赵良璧不愧有经济头脑，他知道要建设一个工程，首先要筹集建设资金。于是自己捐出一笔薪俸，作为基金；又动员藩台高起龙从藩库中助银三千两。那人是四川布政司的首长，也崇奉道教，听到他有修建二仙庵的计划，颇感兴趣，很快划出了这笔钱。于是赵良璧会同陈清觉，一齐选择土地，经营基址，绘画蓝图，采购木料，召集工匠，雷厉风行地在当年就开始施工。

据赵良璧和洪成鼎所写的碑记看，当时是先建正殿，奉祀吕祖，称为"吕祖殿"；接着建亭，奉祀吕韩二仙，称为"二仙亭"；最后修建斗姥阁。又在东西南北四角，各建一所静室；还修了安单房6间，以接待道众；客座3间，以招待随喜；另修安室3间，作为陈清觉的养老堂。连同厨房、茶厅、旅舍等加起来总共建成24间房屋，前后广栽竹木，遍植花卉。

当二仙庵工程建设轰轰烈烈地开展时，成都李知府（李辉祖？）会同各县的知县主动上门，提出要求："这座庵里事事都齐备了，我等也想做点功德，共同出钱修建一座外山门，请问行吗？"赵良璧高兴地回答："那可是求之不得啦！"于是这一山门也不日告成。

赵良璧还有长远的打算，要让二仙庵道粮不缺，经济不愁，就拿出80两银子，买下近庵处的两块田地，计划每年可栽谷种十石，部分收成可供全庵的衣食。官府每年再提供条银6两，作为本庵的常年经费。这样，四方道众往来安单，便可以来者不拒、去者不追了。

赵良璧果真为陈清觉办了一件实在的事。

建设工程完成以后，赵良璧对一手创建的二仙庵割舍不下，怕陈清觉的养老工程不能安宁，曾经写下一道手谕，交给庵里，写明这些道产"在世为清觉之斋供，去世为清觉之香烟"，特别指出"倘有不肖逆类，私行盗卖，即赴有司，与授其罪"。一年后，他奉旨调往两浙担任布政司首长，临行前还找来一位画师，把陈清觉和他自己的像绘出来，悬挂在二仙庵里，作为纪念。后来还有点不放心，又专门给成都知县龚戴铨下了一道宪牌，嘱咐他出个告示，注意保护二仙庵。后来这一官府文件，刻碑勒石，立在门口：

成都府成都县正堂龚，为禁绝杂派以永善果事。

本年正月十九日，奉四川等处提刑按察使司按察使加二级赵，宪牌：

照得本司捐修二仙庵，一以扶植道教之式微；一以兴隆冬之挂单；深虑道粮不敷，又捐赀二契八十两买地亩，可栽种一十七石，以供常住之道供。载明碑记，斑斑可考。今本司奉旨总藩两浙，恐起行之后，里甲头人借杂派名色搅扰本庵；则朝夕焚修、严寒挂单断难宁处；即本司之一片经营，亦因此辈之生端而胥泯之矣；殊可痛恨。合行饬知此牌，仰该县遵照来文事理；文到即便出示：晓谕本庵并里甲头人知悉。凡本司契买土地，止完正粮，不许一毫私派。如有地棍诸人，藉端妄派者，本庵主持即便指名呈禀，该县着即立行拿究。永行禁绝，毋坏善果。

等因，奉此，合行出示晓谕。

为此，示仰里甲头人知悉：凡臬宪契买之地，照例完粮，不许派及杂差。如违，查出重究不贷。特示。

康熙三十五年正月二十八日示。

赵良璧捐俸修建二仙庵，在一段时期内，成为四川地方的一条新闻，并且衍生出不少离奇的神话。

其中比较走样的一段，就是说清代初年，四川各级官员的重任，首先是抚平战争创伤，修建城池内外，让京城来川人员见到成都社会稳定，市场繁荣。于是在北门接官亭（今梁家巷口）到皇城坝沿线，修了几十座道观佛庙，吸引信教男女顶礼膜拜。赵良璧本是个武将，当时在青羊宫里见到了设坛祈福的青城山当家陈清觉。那时陈清觉对他说，亲眼见到青羊宫里有两位道士在河边下棋，下完以后，忽然招来仙鹤跨乘升天，河边只留

◎ 玉皇殿

下两个"口"字和一支箫的印痕。赵良璧当下就悟出，两个口象征吕洞宾，一支箫象征韩湘子，八仙之中有两位到此显圣，真了不得！所以发出宏愿，修建道观，供奉二仙。

陈清觉有了官府的支持，迅速扩建观址。山门外有一片楠木林，进山门就是纯阳观，石柱雕龙，殿宇宏伟。吕仙像前设有灵签筒，供人预卜休咎。偏侧有接待室，供来宾论道谈经。殿后靠小河处建有来鹤亭，据说那里就是二仙跨鹤升天的地方，故在此塑有二仙跨鹤神像；并以石阶连接二仙殿，供奉吕韩二仙，旁边又有八仙中的其余六仙。塑像皆与常人比例相同，身着彩衣，栩栩如生。殿后是斗姥殿，供奉北斗七星之母斗姥元君。斗姥虽是女神，却有3只眼，4个头朝向四方，长了8只臂膀；为了避免惊世骇俗，塑像慈眉善目，和蔼可亲。此外，庵内还有藏经阁、道经流通处、斋堂等建筑，整个规模虽比不上历史悠久的青羊宫，却也并不逊色多少。

遇到道教重大节日，陈清觉总在青羊宫设坛施法，率领道徒打醮；为了照顾赵良璧的面子，便在道教传统节日之外尽量加码。加上吕洞宾的三次寿诞，以及八仙渡海日、东海斗龙日等，一年里共有十来个庆祝日，二仙庵几乎十来天就要设坛打醮一次，吸引众多善男信女前来听经闻道，大捐功德。

上面这种说法，把陈清觉描述成哗众取宠的道士，赵良璧则被刻画成迷信神仙的庸吏，显然大大歪曲了历史事实。

还有一种传说，讲的是有一次，赵良璧到青羊宫来参访陈清觉，不巧没有遇见，便信步前行，看见前面有两位道人对坐弈棋。他们一位相貌清癯，一位青春年少。赵良璧精于棋艺，很感兴趣，便立在旁边观看，惊奇地发现他们对弈的棋局，完全非自己所知，愈发觉得奇怪，就在那里一直站立。大概两个道人发现了他在观棋，于是弈局未终，便抽身而起，并且抚掌大笑，顷刻之间，两个道人忽然化为二只白鹤，冲天而去，把赵良璧吓了一跳。等到陈清觉回来后，他就把这一奇异经历告诉陈清觉。陈清觉也抚掌大笑，说那两位道人就是吕洞宾和韩湘子二位神仙，还夸奖赵有仙缘。赵良璧心中大喜，立即拿出自己的俸银，并向同僚们募筹资金，很快

修成二仙庵；又买田三百余亩，作为二仙庵的庙产。

这一传说没有侵犯陈赵二人的人格，仅仅带些齐东野语的味道。

过去成都民间还有个更加荒诞的传说，表明二仙庵与陈赵二人无关。那时有个成都将军走到西门外西郊河边，看见两个乞丐正在河水里洗砂锅，为了把锅洗得更加干净，就将砂锅从里到外翻了过来，就好像翻一个柔软的口袋一样。成都将军大为吃惊，认为遇到了神仙，于是修了一座遇仙桥，旁边建立起这座二仙庵。

康熙皇帝题庵名

赵良璧为官清明贤能，经常受到康熙皇帝的嘉奖。后来他抽空写了一道奏折，把他在成都时怎样遇见陈清觉，陈清觉又如何有修养、有学问，详详细细地作了一次汇报。他在两浙做出一定成绩之后，升任两广要职，便进京觐见康熙皇帝，于是当面又把陈清觉情况一一奏闻。康熙对此很感兴趣，便下了一道圣旨，请陈清觉到北京来，他要亲自召见。据说当时陈清觉带了青城山所产几斤毛茶作为献礼。他到北京后不久，便受到康熙皇帝的接见，还把青城山茶打开来泡了一壶。大概为了统一需要，康熙皇帝品茗之后，当即夸其味美，问其制作，还要求他经常进贡此物，陈清觉对此印象非常深刻。从此，"青城贡茶"迅速名扬天下。

康熙对陈清觉的印象也很深刻，觉得应该回赠他一点礼物。于是在公元1702年，即康熙四十一年十二月，亲自书写了两个匾额，一是"二仙庵"三个大字，二是"丹台碧洞"四个大字。后来觉得还不大够，又翻开南宋张伯端的《悟真篇》，抄写了这位张紫阳真人的《赤龙黑虎诗章》：

赤龙黑虎各西东，四象交加戊己中。
复姤自兹能运用，金丹谁道不成功。

这首诗出自《悟真篇》七言绝句第21首，描述道教丹功"和合四象"的境况。所谓"赤"，是五行中火的颜色；"龙"，指东方青龙，属木；"黑"，是五行中水的颜色；"虎"，指西方白虎，属金；火、木、水、金聚成"四象"，而且木能生火，金能生水，有相生的关系。"戊己"为中央之土，这四种东西交叉在戊己之中，便象征着心火、肾水、肝木、肺金的精华，汇聚到腹腔中央的黄庭，成为金丹的基体，这时需要做"进火退符"的功夫。所谓"复"，是《周易》64卦中初爻为阳、其余各爻为阴的卦象，象征一阳初生，指修炼丹功时阳气从尾闾穴产生的现象；而"姤"，则是64卦中初爻为阴、其余各爻为阳的卦象，象征一阴初生，指阴精从"月窟"产生的现象。通过进阳火，退阴符，于是元气便可从督脉上升，任脉下降，运转"周天"，是为炼成金丹的第一步。

康熙书写这首诗，当然不是研究道教的内丹术，而是有着更加现实的象征意义。过去，四川遭遇张献忠及其追随者的割据和破坏，后来又有吴三桂祖孙在云贵川独立，成为分裂东西的龙虎。而今这些武装势力业已烟消云散，全国出现了统一的局面，等于是"和合四象"了。此后应该运用"复"、"姤"这些十二消息卦，促进阴阳消长，使政治局面完全稳定，社会关系进步和谐，相当于金丹告成。

皇帝的"御书"，可是封建时代最高的奖赏，四川省和成都市各级官员

◎ 康熙题匾

无不受宠若惊，欢欣鼓舞，之后连忙拨款，让陈清觉把两块牌匾制作出来，高高悬挂；又在来鹤亭的西边，修一座"御书坊"，上面书刻"了门"二字；里面用一块大大的石碑，将康熙写的《赤龙黑虎诗章》刻在上面，巍巍竖立。

随后，康熙皇帝御赐的珊瑚树、金杯等物，也从北京运到，还带来一道圣旨：敕封陈清觉为"碧洞真人"。从此，全真龙门派的碧洞宗一门便在二仙庵开创，换句话说，二仙庵便成为"丹台碧洞宗"的祖庭，而陈清觉则是丹台碧洞宗的开山祖师。从此羽流云集，共登蓬莱。

陈清觉担任二仙庵住持，为了培修道观，兢兢业业，节衣缩食，稍有薄蓄，便拿出白银数十两，置买枣子巷田地，以扩大庙产。那时的来鹤亭内，塑有吕洞宾、韩湘子二仙骑鹤的塑像，专祀吕洞宾的吕祖殿、专祀斗姥的斗姥殿，都油漆彩绘，装饰一新；同时加强庵内的绿化工作，四时花木争芳斗艳；同时刻立了许多诗词碑碣，增加文化氛围，由此奠定了整个二仙庵后来居上的格局。

公元1705年，即康熙四十四年，陈清觉羽化辞世。他的弟子有陈一庆、吉一法、刘一贞、孟一贵、石一含、龙一泉等人，经官府批准，由吉一法担任二仙庵住持。又过了十来年，在公元1721年，即康熙六十年时，四川布政使（藩台）孔毓珣、按察使（臬台）高其珮、成都知府刘世奇又拨款主持重修大殿，使二仙庵保持着固有的辉煌。不过，那时的二仙庵住持，已经是陈阳紫的继任者党来忠了。

本忠永亮建丛林

二仙庵经过历届住持、监院的精心培修，庙貌庄严，景象清丽。

到了公元1776年，即乾隆四十一年，距离二仙庵创建已经过去了整整80年，张三丰的诗碑，经过岁月磋磨，业已倒仆在荒园之内；康熙皇帝的御书碑，也风化得几乎看不清文字了。那时住持已是喻复正的继任者吴本固，此人自幼读书，能够背诵《道德经》、《阴符经》、《黄庭经》、《参同契》、《悟真篇》等道教经典，但却木讷少言，只干实事。当时他与徒弟甘合泰四处募捐，重修吕祖殿、来鹤亭、斗姥殿、二仙殿，以及静室、单房等建筑。又请工匠把张三丰诗碑抬起来，立在庵前；成都府同知洪成鼎还题了一首诗刻在碑阴。吴、甘二人还带领道众凿池养鱼，增加经济收入，计划把康熙御书碑也重刻一道。

公元1805年，即嘉庆十年，清帝加封吕洞宾为"燮元赞运警化孚佑帝君"，决定每年春秋二次祭祀，并列入国家祀典；嘉庆皇帝还要求各省都要修建专祠，专门奉祀。四川省布政使方积接到这一诏命，认为四川没有必要新建专祠，虽然原有的纯阳观已经毁坏，但二仙庵里面有个吕祖殿，等于是崇祀吕洞宾的专祠；只需修缮美化一下就可完成任务。他将这个意见报告朝廷，嘉庆皇帝也没表态。

不过，等到方积亲自查看二仙庵里的吕祖殿时，不禁大吃一惊。在他面前的殿宇虽然依旧巍峨，可是距离上次大修已经过了三十多个春秋，在风刀霜剑摧残之下，屋瓦破损，大梁霉烂，殿柱倾斜，台阶坏蚀。他用了文学水平颇高的四句话来描述："花残鹭沼，烟辍龙香，石径苔埋，霉梁蠹蚀。"他将情况报告给当时的四川总督常明，要求拨款重建吕祖殿。常明哪敢怠慢，随即调出一笔资金，指示甘合泰的继任者张教和住持，协助筹办

修建事宜。

公元1814年，即嘉庆十九年重建工程开工，方积则安排信奉道教的资州知州刘炯负责整个工程，调集工匠，购置建材，构思造型，油漆彩绘。不但彻底修缮了吕祖殿，还维修了二仙亭。结果就像方积所描写的那样："参差四柱，环以雀目之窗；迢递百寻，覆以鱼鳞之瓦。"真所谓："灵围奥馆，天隐巍堂。霞摘藻井，电绕虹梁。"在锦城之内，恐怕找不到更漂亮的建筑物了。

时间再过去十几年，到了公元1825年，即道光五年，住持李永仁发现殿宇又逐渐破敝，存在着倒塌的危险，就向成都、华阳二县禀告，要求拨银630两，培修补葺。后来，在公元1833年，即道光十三年春祭吕洞宾时，监院张永亮、知客苗理圭利用国家祀典官员到场的机会，恳请四川总督鄂尔泰从为皇家采办的剩余木料中，拨给二仙庵木大料32根。因为藩库已经发银542两修建吕祖大殿，这样就可以连斗姥殿及两廊的柱子全部重新更换。这一要求并不过分，总督也就慨然允诺了。

公元1849年，即道光二十九年，四川总督裕诚带领着僚属游览了二仙庵，对庵里种植的花卉非常欣赏。知客师罗本忠善解人意，随即抬送了好几盆花到总督衙门。裕诚非常高兴，就将罗道士唤至后厅，询问了许多情况，罗道士对答如流，谈话间还提出建议，如果二仙庵成为"十方丛林"，成都的地位就会大大提升，而且更能引起朝廷的注意。裕诚听得十分高兴，马上决定将二仙庵地位提升，因为他有这个权力。他在头脑发热之际，还亲自拿出纸笔，书写了"十方丛林"四个大字，在纸上盖了大印。最后交代罗道士，回去立即重刻二仙庵的钤印，再把他写的字刻成匾额，悬挂在殿堂之上，以便接待十方道众。罗道士回庵之后，很快向住持张永亮、苗理圭汇报。随后，他们二人重新到总督衙门叩谢裕诚。裕诚便一本正经地对他们训话：你等不得把庙子视为己物，独行把持，应该树立起一种公有财产的观念，遗徒传孙，这才算得是物为众有，一尘不染，真正是修道炼心的实际行动。二人连连称是，发誓把弘道利生作为永久的责任。

就从这一年起，二仙庵改为"十方丛林"，化私庙为公庙，悬挂起裕诚

手书的匾额，安单接众。西南各省道裔前来庵中挂单任职者，日益增多，于是庵内各种道职，一概选贤任能，显露出革故鼎新的气象。

二仙庵作为十方丛林，组织严密，分工明确，管理严格。二仙庵中无职事的道众，除参加季节性农事活动外，还可以托钵化缘，念过街经。但不能违反清规戒律，否则会受到一种木尺的责打，严重犯戒者收缴衣钵，脱去道袍，驱逐出庵，还要通知其他道观不得收留。

那时，张永亮监院因年老倦事，把重任交给苗理圭。

公元1867年，即同治六年，善士罗文耀捐资修缮吕祖殿前抱厅，恢复了观瞻。

公元1887年，即光绪十三年，传戒之期，重庆水月庵住持宋慧安，来到二仙庵求戒。三年后，宋慧安接受京师白云观传给的衣钵，回到四川，开期传戒。后来苗理圭就委任宋慧安担任二仙庵住持；此后，宋慧安又委托阎永和担当庙事。

在阎永和继宋慧安法席，倡导三坛戒律，传戒演钵时，吕祖殿因风雨剥蚀，屋架有些歪斜，不得已用巨木撑拄，以免倾倒。有位"退思居士"张锡荣，素来好道，信仰吕祖尤其虔诚，而且与阎永和又有深交，便首先捐银500两建议重修此殿。当然，这一点银子显然是杯水车薪，他就请阎永和去找邹、沈二位知县，转请布政使和盐茶道再拨发库银。二县后来各拨款500两，然后再由成都汪知府支援银子200两，加上江北厅的善士赵献之捐的正殿石柱银600两，连同阖省官绅商民、诸山道众的捐款，当时一共募集到资金4435两4钱，外带正殿地砖钱81贯432文。有了建设资金，便选择当年八月吉日动工兴建。

公元1897年，即光绪二十三年，二仙庵重建工程落成，这次还创修了藏经楼和方丈法堂等处。其中吕祖殿所用的石料，全是淮州运来的峡石柱，可说处处讲究质量。实际上全部工程一共用去银子一万多两，其中6000多两打了白条子欠账。

此后，二仙庵住持阎永和传给王宗生，王宗生传给熊理斌，熊理斌传给王伏阳，王伏阳传给申信筠，便到了1947年，共传戒60余期，受戒弟子6000多人，遍及西南各地。

公元1916至1921年，即民国五年至十年间，王伏阳、熊理斌、申信筠共同募化资金，重修了二仙殿，又在西面另建房铺6间。此时，庵中经常保持道众100余人，除保持每日做早晚课外，也经常外出做道场，宗教活动比较兴旺。庵内有田地400余亩，其中自耕100余亩，种些蔬菜，其余田产佃出，每年收粮食400余石，以供全庵主食；另有街房6间出租，租金收入也是经济来源。每年花会前夕，二仙庵山门前的楠木林，临街的20余亩土地，以及庵内的空闲之处，全部搭棚出租，年收入可达千余大洋，足够全庵半年之用。同时开办过一些副业，如养蚕、织布、中药销售等，"丹台碧洞书房"还专门印刷《重刊道藏辑要》及其他道教著作出售，经济方面尚可平衡。

1949年中华人民共和国成立时，庵内有常住道士60多人，正殿5重，以及侧殿、侧房、戒堂、讲堂数十间，被省文化局列入重点保护寺庙，派有专职干部王云山在此负责，保护庵中文物古迹。土改时期，大部分道士回籍生产，游方道士自行离去，还俗者5人，留庵道士仅有11人，其中在庵内分有土地者9人，未分土地者2人，营作土地十余亩，街房6间仍然出租。熊理斌、申信筠在两年中相继羽化归真，留下王伏阳同庵内道士共同管理庙务。1953年7月，王伏阳染疾羽化，庵中道众一面修行，一面耕作，有三位老道友丧失了劳动力，负责照看古迹文物。

1955年5月，青羊宫与二仙庵进行生产合并。1958年第八届花会结束时，又改建为青羊宫花园，后改称文化公园。

1980年，青羊宫与文化公园分开；1984年宗教政策得到落实，青羊宫与文化公园正式筑墙划界，恢复道观面貌；但二仙庵仍属文化公园的一部分，与道教相隔离。2002年，经过多方协商和努力，文化公园归属成都市宗教局管理，于是将文化公园内原来的二仙庵主体建筑区，划到青羊宫那里来，从此青羊宫和二仙庵便成为一个整体。

二仙庵诗成佳话

二仙庵花卉甚繁，景色宜人，长期成为文人雅会场所，曾经留下不少文化佳话。

庵里原有一块著名的"三丰碑"，碑上镌刻着张三丰所撰的瓜皮诗。此诗流传有好几个版本，虽然大同，却有小异。例如其中一个版本是：

> 玉境闲寻采药翁，草堂留话此宵同，
> 细看山下云深处，信有人间路不通。
> 泉引藕花束洞口，月将松影过溪东，
> 求名心在实难遣，明日马蹄尘土中。

还有一个版本是：

> 仙境闲寻采药翁，草堂留话一宵同，
> 若看山下云深处，直是人间路不通。
> 泉引藕花来洞口，月将松影过溪东，
> 求名心在闲难遣，明日马蹄尘土中。

再有一个版本是：

> 玉境闲寻采药翁，草堂留话此宵同。
> 试看山下云深处，幸有人间路不通。
> 泉引藕花来洞口，月移松影过墙东，
> 求名心在实难道，明日马蹄尘土中。

◎ 二仙殿

　　碑文原为狂草，俗称"龙蛇体"，不易辨识，所以解读的版本不一。

　　成都人过去有句歇后语：二仙庵的照壁——神画（话）。是指二仙庵以前山门外面有堵照壁，全用石材砌成，中间有一块青石，上刻张三丰在四川留下的回文诗。老成都曾经有过这样的解释："七五三字体，神仙玄妙机，反复颠倒念，即是六首诗。"这似乎是对石上回文诗的提示。这块石壁，经过来往游人们长年累月的触摸，到清代晚期，上面的字迹已漫漶不清，仅可看出轮廓，现在业已全部消失。

　　民国年间，二仙庵举办劝工会，成都五老七贤之一的刘豫波，曾写过一些《竹枝词》记载其事，当时流传很广，现将遗存的几首录下：

二仙庵内设绸缎铺
文明组织总争先,纸醉金迷列瑞前。云锦天天看不尽,还从富贵识神仙。

二仙庵尘消亭斜对戏园
伶人燕嫩与莺娇,金碧楼台着意描。更听梨园歌一曲,尘消亭畔转魂消。

二仙庵内搭珠宝店
蜃楼海市列成图,宝玉争陈赛五都。十丈软红吹更起,就中缺少避尘珠。

游人众多道人特忙
石坛清静转哗然,佳客来游醉后天。酬酢劳形浑欲病,道人言乐不言仙。

游客在祖堂高卧
风雨床头大有缘,传经圣地客留连。笑他倦游还高卧,处处移灯照睡仙。

斋堂改货场由道人收租
且喜金钱贮满囊,丹砂宝卷漫评量。道人日月忙中过,岂是心斋学坐忘?

二仙庵斗姥殿两侧廊房,称为阆堂,传戒时专供受戒道众学习仪礼、戒律和修静之用。斗姥殿平时不开,传戒时仅供传戒大师出入。院内花木葱茏,幽静无尘。斗姥殿左侧有一小门,进门便是一处精巧的四合院,四季花草幽香,相当清静。右侧就是"丹台碧洞书房",《重刊道藏辑要》经版存放在里面,成为最宝贵的文物。

二仙庵东侧的绿树丛中,原有一座醉仙亭,亭中立着吕洞宾石刻像的碑碣,那是公元1938年,即民国二十七年成都著名刻工陈宝鑫等人所镌,衣纹线条凝重有力。庵内还有一通张三丰像石刻碑,是民国时期住持邹崇品所立。这两件文物现在都移至青羊宫三清殿内保存。

花海灯山双子座

圣迹仙宗青羊宫

蜀中灯会赏玩处

青羊宫、二仙庵成为道教宫观的双子座，外观特色显著。唐代以来，西蜀每逢过年，都要在这里举办灯会，繁华程度甚至超过京城。

正月初九，称为"上九"，古代的成都从这一天起，家家门口通夜挂灯，互相竞彩。正月十五日是元宵节，以汤圆为特色饮食，市上还要烧龙灯。灯会就在这前后几天内举行，观灯活动一开，万人空巷。有时文化界还要举办猜灯谜的活动。

有人追溯成都灯会的来历，认为与张天师在蜀弘道大有关系，因为道教礼仪里面有"燃灯祭斗"的仪式，是最原始的"灯会"。唐代的成都灯会，有诗人卢照邻《十五夜观灯》诗可证：

锦里开芳宴，兰缸艳早年。缛彩遥分地，繁光远缀天。
接汉疑星落，依楼似月悬。别有千金笑，来映九枝前。

相传唐玄宗逃难到成都，也曾和道士叶法善一道上街观灯。五代时，前蜀主王建经常自夜达旦地出游浣花溪，《蜀梼杌》说当时"间亦放灯，率无定日"。后蜀主孟昶在上元节也曾观灯于露台。宋代的成都灯会基本上制度化，元宵赏灯已成为一种传统民俗。据《岁华纪丽谱》所记：正月十五上元节，开始"放灯"；十四、十五、十六这三天，官员们早宴大慈寺，晚宴五门楼，入夜"观山棚变灯"；十七日称"残灯会"，专供那些灯会期间维持治安的人员游赏。

北宋京镗《绛都春·元宵》词描写道：

升平似旧，正锦里元夕，轻寒时候。十里轮蹄，万户帘帷香风透。火城灯下争辉照，谁撒下满空星斗？玉箫声里，金莲影下，月明如昼。

知否？良宵美景，丰岁乐国，从来稀有。坐上两贤，白玉为山联翩秀；笙歌一片围红袖；切莫遣、铜壶催漏。杜行且与邦人，共开笑口。

南宋诗人陆游在《丁酉上元》诗中，也描述过成都灯会的一些镜头：

放翁也入少年场，一笑灯前未歇狂。翠袖成围欺月冷，毡车争道觉尘香。

◎ 文昌殿

　　蛮酥点缀春风早，楚饵留连夜漏长。结骑莫辞侵晓色，昔人万里看西凉。

　　鼓吹连天沸五门，灯山万炬动黄昏。美人与月正同色，客子折梅空断魂。

　　宝马暗尘思辇路，钓船孤火梦江村。古来漫道新知乐，此意何由可共论？

历史上的灯会场地，以宫观外部街道为主，往往围绕着古老的青羊肆故址五门，因为那里位于城市近郊，地方空阔。成都灯会延续到清代，才子李调元有《正月十四日至成都是夜观灯》诗作记录：

　　试灯节届渐闻声，次第鳌山压锦城。十字楼头星共灿，万家门口月初明。

　　管弦奏处莺吭滑，帘箔钩时翠黛横。老病连年游兴浅，衔杯谁与话衷情？

清代筱廷《成都年景竹枝词》的描写更加形象：

　　花灯大放闹喧天，狮子龙灯竹马全。看过锦城春不夜，爱人惟有彩莲船。

　　元宵灯谜妙无方，十字街前贴数张。几度费心猜得破，赢来多少好槟榔。

随着城市的繁荣发展，城郊市场渐渐稠密，灯会场所也慢慢集中到宫观里面来。青羊宫成为传统灯会的最早会址，这一传统延续了千百年，中间虽因战乱中断过多次，不过一旦社会秩序稳定以后，很快就恢复了旧貌。

现代的成都灯会，是在1962年时全面恢复，当时由成都市政府组织，定期在青羊宫举办，会期为一个月。灯会期间，公园里组织起民间曲艺、杂技、杂耍等表演，吸引游人。但那时正值经济困难时期，物资奇缺，有人用《竹枝词》记载了一些实况：

  小吃传闻集会场，万人竞步赶青羊。可怜一觉香甜梦，空腹焦喉恨路长。
  佳节空城往看灯，连年跃进庆升平。天寒不怕奔波苦，二两锅魁四体倾。

那时的灯会空有虚名，缺乏实惠。

后来形势越来越好，青羊宫灯会场里有了各种地方风味小吃，还有做糖人的担子，卖风车的草把，每年游人渐渐达到百万人次以上。

"文化大革命"期间，灯会停办，直到1977年重新恢复。随着社会经济的发展，灯会一年比一年繁盛，1978年灯会是规模最为盛大的一次，使用各种活动灯具，采取无线电遥控、射流技术、程序控制等，反映了大家在新时期重新焕发出的创造热情。1981年灯会上的彩灯，可称极一时之盛，而且将传统名小吃汇聚一堂。有人又用《竹枝词》作了描写：

  蓉城灯会聚名厨，物美价廉风味殊；二十年来无比处，老婆捧腹倩人扶。

1989年的第20届灯会，成都东城区制作了"四川糖画灯组"，在会上展出。那是一条高3米、长15米，用近两吨白糖制作出的一条糖龙。在水桶粗的龙身上，用15000多个小糖饼嵌成龙鳞，内置低压可塑霓虹灯，使龙体呈半透明状，金光闪闪，称为一时奇观。后来这条糖龙，还专程送到北京，参加7月份在北海公园举办的荷花艺术节。

一年一度的成都灯会在青羊宫举办，古老民俗得到了很好的展现。各种灯具竞相展示，年年翻新，五彩缤纷，令人眼花缭乱。那时，每年既有

地方特色浓厚的吊灯、宫灯、走马灯、鲤鱼灯、荷花灯、壁灯、鳌山灯、大花篮等，上绘川剧剧目、历史故事、民间传说；又有采用电脑、电视、远红外线、激光、光导纤维等当代最新科技制作的许多组灯。比如中心广场里的《红光腾飞》组灯，高17米，直径10米，中间是一个大皇冠，上面用玻璃组成地球，再上面是电视发射塔；下面有《红楼梦》、《西厢记》、《秋江》、《天仙配》四组人物戏，还有彩色录像屏。游人站在远红外摄像机前，还可以从荧屏上看到自己的形象。

民间花会踏青地

成都有每年春季举行花会的传统,青羊宫、二仙庵成为理所当然的中心。

成都人历史上就有二月初春赏花的习俗,古称花市,又称花会。自从清末兴建了比较完善的"劝业场"后,结合"劝业"内容,使青羊宫花会注入了新兴活力。在近一个月的会期里,不仅会场内百花争艳,万紫千红,而且配套设施丰富多彩。有饮食摊点,有茶社酒棚,有川剧舞台,有比武擂台。当然,作为主题的展销农具、百货、首饰、古玩、字画、书籍、文具等卖点,更是应有尽有,并且形成大宗。

过去花会场主要在青羊宫、二仙庵一带,因为那里名花簇聚,风景宜人,是成都人的休闲佳处。会期一到,游人如织,热闹非凡。这种将春游与庙会有机结合的传统做法,每每创造出一种新的气氛,将古老的赏花习俗引向高潮。

自二仙庵建成后,香火一直相当旺盛。公元1906年,即光绪三十二年二月初十,成都青羊宫举行了第一届商业劝工会;二仙庵内开辟了许多商品展销场地。此后,年年举办的花会,都兼有物资交流的功能,各州府县都有人骑马、乘轿,或坐鸡公车前来赶会。二仙庵场地比青羊宫小,就显得特别拥挤,当时有条民谚:"青羊宫,背虚名;二仙庵,挤死人。"

清代以来的成都《竹枝词》里,描写花市、花会的内容,占有很大比重。仅从数量上看,也能反映出成都花会的特色。那是以花为中心的歌吟,折射出当时社会的五光十色,人间的喜怒哀乐,记录了旧时成都的芸芸众生相。在这些《竹枝词》里,不仅能看到花会的发生、发展、变化过程,

◎ 二仙庵前殿

而且还隐隐约约地体会到逝去的岁月酸辛。

清代的花会《竹枝词》，有吴好山的作品：

仲春十六会期时，货积如山色色宜。去向二仙庵里看，令人爱煞好花枝。

近代的花会《竹枝词》特别多，最有情调的有王蜀瑜于公元1919年，即民国八年所作《锦江花朝》：

如云女伴出城南，玉手亲提拾翠篮。遥指彩旗高挂处，朦胧隐见二仙庵。

城南十里尽栽花，翠翠红红处处遮。最爱道旁连理树，愿教移植在侬家。

冯家吉的作品：

　　青羊宫接二仙庵，花满芳塍水满潭。一路纸鸢飞不断，年年赛会在城南。

刘志的作品：

　　青羊花市景无边，柳绿桃红更媚然。纵览难穷千里目，来春多办买楼钱。
　　青羊花市好勾留，一日雨旸料不周。怕热怕寒惟老汉，又扇扇子又披裘。

杨慕瑗的作品：

　　游遍仙庵老子宫，衣香人影太匆匆。最怜一幅天然画，人面桃花相映红。
　　碧烟如草草如烟，最好风光二月天。都道明朝花市早，隔宵先办买花钱。

曾慎修的作品：

　　拼把金钱买物华，青羊宫里访仙家。香中沽酒香中醉，半醉香云半醉霞。
　　游人都在百花中，人影花光处处同。记得遇仙桥畔路，一鞭残照落花红。

谢家驹的作品：

二月城南会又开,马龙车水踏青来。儿家不解游春意,几度花场去复回。

张理中的作品:

停车多在百花潭,潭上游人酒半酣。醉后漫从花市过,品茶先向二仙庵。

易耀珊的作品有些冬烘:

男女进场拥一堆,露天茶社两边开。若非巡察游行密,恋爱公然遇草莱。

清泉子的作品就比较活泼:

老子宫前八卦亭,雷天大壮见威灵。惹来多少痴儿女,半为寻芳半踏青。

方于彬的作品,比较风趣:

神羊一角任摩挲,绛帕蒙头蜡泪多。寄语道人须护惜,莫教荆棘蔽铜驼。
焚香膜拜女如云,八卦亭边笑语频。老子近来兴不浅,横骑牛背看游人。
通惠门前放晚晴,持筐夹道尽流民。到来都是闲莺燕,谁听哀鸿宛转声?

陈宗和的作品,显然有些沉痛:

迷信仍然唤不醒，朝山远近为神灵。铜锣响处黄旗导，到会先来八卦亭。

浩劫茫茫旦夕临，有谁警惕起忧心？降生台上重回首，都道天南杀气深。

乞丐饥儿满路途，老爷太太惨声呼。寄言揽胜寻芳客，请看流民郑侠图。

便利交通说有年，汽车今日见吾川。春熙路到青羊去，厂板才需一块钱。

小雨轻寒二月天，青羊宫里会神仙。阿侬别有心中事，暗乞灵签给卦钱。

一雨新生芍药苗，老君圣诞近花朝。痴人为祝神仙寿，环坐神龛坐一宵。

看花先到二仙庵，买得名花莫担担。喊架包车拖起去，载将春色过城南。

青羊宫里会神仙，会到神仙哪一天？别个神仙都不会，端寻刘海索金钱。

还有一些近代佚名作品，下面几首就非常优美：

青羊宫接二仙庵，鸟语花明月未三。门外一篙春水活，风光原不让江南。

接踵摩肩到会场，仙庵游罢又青羊。街中士女多于鲫，都说今朝赴会忙。

会仙桥上簇花枝，步到人丛故故迟。浓抹淡妆初领略，香风吹过马家祠。

过去的人思想保守，花会场入口处男女分道而行，好几年后才取消这一禁约，这在《竹枝词》里反映出一些笑谈：

　　板板桥头大可哀，要将男女两分开。阿郎不用伤离别，三十步又挨拢来。

　　板桥窄窄架河干，多少游人立岸看。女宾口子关防紧，郎要挨身入口难。

　　青羊宫内女成群，八卦亭中拜老君。大姑喃喃小姑跪，笑煞旁边老道人。

　　会场闹得起灰尘，人挤人来人看人。偏又不分男女路，好将俊眼送郎君。

　　降生台上事如何？马家祠中解得么？会期不比平时静，权将软语慰哥哥。

　　斜通甬道二仙庵，几个茶园扼要安。人影衣香齐领略，一般熟客搅成团。

　　欢从官道聘龙媒，侬自新西门外来。遇仙桥上复相见，暂时小别莫徘徊。

官方庙会劝业场

近代,在古代集市贸易的基础上,发展起规模较大、相对集中的商业场,意在促使农工商业相结合,为现代商品经济奠定了基础。

公元1905年,即清光绪三十一年,四川商务局总办沈秉堃提出建议,仿效国外商品展销会的形式,将省城青羊宫花会改办成商业劝工会。次年,候补道台周善培主管四川商务总局,便落实了这一建议,正式把每年花会改为商品展示会。于是第一次商业劝工会,即于1906年3月10日至4月13日在青羊宫举办,仿照国外博览会的做法,在宫观内占地12870平方尺,分为4区,陈列全省各地展售的农工商品。4区之中,还设有招待所、休憩所、游戏场,标以旗帜,榜以牌匾,方便游人参与。商业劝工会开幕之日,四川总督锡良亲临观览,还在会上致辞,"乃今纵观会场,周历区域,土产种类繁多,各物赅博";认为此举"劝工导风,商会健举,进拙于巧,化瓻为精"。商业劝工会出售的展品分为"天产"和"制造"两门。据不完全统计,货物品种共有3437种,销售额约计银28.7万两,另有钱16万贯,取得了显著的成效。在商业劝工会期间,还根据展品的质量和销售状况进行了评比,最终分别授奖。当年参展的商号共得奖21个,各劝工局也得奖17个。

公元1908年,即光绪三十四年,劝工场改名为"劝业场";与此同时,青羊宫花会上的商业劝工会,也由周善培改名为"劝业会",他还亲自题写了会名;1908年算是首届劝业会,以后每年举办一次。由此开始,到清末1911年,即清宣统三年,四川地方当局在青羊宫共举办了6次劝业会。其中第五次以"略工重农,抑制外国货"为原则,第六次则以工业品为主。

历次青羊宫劝业会,除了以商品展销为主体外,还举办过一些文娱活动,最引人入胜的是川剧表演和武术擂台赛"打金章"等。

有一张老照片记录了1911年,即清宣统三年春劝业会授奖仪式实况。在长达25天的会期即将结束时,参会产品的评优活动最后一幕,便是颁奖。劝业会奖台就搭在二仙庵外。照片显示,台上台下站满了拖着大辫子的官员和军警,台上还站着一些平民代表。用竹木料搭成的授奖台上,摆着方桌和太师椅,桌上放着整包的钱币,那就是准备发给获奖者的奖金。台口左右的柱子上,插挂着清朝的龙旗。一名官员正立在台口,接受台上主持人颁发的奖状和奖品。

清代的劝业会,在《竹枝词》中有不少描述。清代方旭《花会竹枝词》说:

马家祠外柏枝坊,下马停车入会场。工业未评评饮食,神仙不羡羡鸳鸯。

◎ 吕祖殿

短棚欹处日初斜，遥指花农第一家。忽地香风惊蝶舞，买花人更艳于花。

此会由来是劝工，有人相对叹商农。金银气短狼臃炽，分水无犀古堰空。

邢锦生也有类似的《竹枝词》：

晓来铺面两边开，个个囊携斗粟回。一片铃声天向午，黄牛驮米进城来。

万商云集市廛中，金碧辉煌户户同。春暮日长天渐热，凑钱齐搭过街篷。

辛亥革命以后，这种劝业会仍在举办，会场仍设在青羊宫。不过，因军阀连年混战，这一活动时有中断，到1934年，23年间才办过7次。

1936年，四川内乱平息，那一年，青羊宫劝业会达到了空前的规模。从当年3月8日开始，一直到4月30日闭会，历时近两个月。会场占地100余亩，共分5进、36路，展出各地的农工商品。据当时统计，参与者共有杂租店160家，茶馆30家，小吃铺40家，川戏院1家，电影院1家，武术馆2家，木器店7家，篾竹行25家，铁器行4家。那时正在推行"新生活运动"，即由四川省新运会劳动服务团维持会场秩序，同时开展禁烟游艺宣传，还举办了男女老少皆可参与的国术比赛。

1937年，四川省政府在青羊宫举行了全省第一届物品展览会。1938年至1945年的抗战期间，因敌机不时侵袭，警报频传，政府明令非常时期花会停办。不过每年到了二月，青羊宫至二仙庵里的香会仍未间断，善男信女忙于进香燃烛，宫观道人忙于敲钟击鼓。直到1945年抗战胜利，劝业会才重新恢复。

1928年，刘师亮所作四川第八次劝业会的《竹枝词》，专门描写了那时会场里打擂台的活动：

今年劝业八回开，多少英雄摆擂台。手艺若潮休要去，谨防桩你下台来。

擂台角艺抢金章，集合江湖打打行。柔术本来为国技，大家努力更提倡。

当时花卉专业户以马群芳培养牡丹为最著名，刘师亮《竹枝词》里就曾提到：

休夸魏紫与姚黄，富贵花开满洛阳。种得牡丹千百本，四川也有"马群芳"。

陈宗和的《竹枝词》也谈到：

马群芳园绿牡丹，昨朝又到素心兰。老来未免看花癖，贪看名花冒早寒。

方于彬《竹枝词》还写了一篇小序，说："阴历二月二十二日为清明令节，晨起同商隐、觉奴两君步出通惠门。时宵雨初过，溪流微涨，软红不惊，衫履都净。抵二仙庵，在酒肆小憩。晨餐甫竟，春人坌（bèn）集；竟日游观，颇娱心目。"他也写到了牡丹：

花气浑如百合香，卷棚一角露晴光。千红万紫休论价，管领春风马积芳。

魏紫姚黄亦等闲，一枝浅白倚栏杆。漫言殊色能倾国，不过双盆四十元。

李斗南《青羊花会》描写了花市盛况：

青羊花会卖花天，到处名花集市廛。来往看花人不断，春花春事话年年。

徐重蕃《成都青羊宫花会》则写得颇为风趣：

竞卖商场几百家，五光十色斗繁华。胜名不愧称花会，会把眼睛都看花。

能在《竹枝词》中，借会上花卉买卖勾绘游客心理，而且刻画得淋漓尽致者，仍然要数刘师亮的《竹枝词》：

花田结伴去寻春，一笑相逢旧比邻。两小无猜皆长大，看花人看看花人。

绿杨分作两家春，况与君家是比邻。让我几株归去罢，买花人劝卖花人。

买花不必买相因，种得好花香四邻。花好价廉休错过，卖花人劝买花人。

喜同足下结芳邻，家有名花分外亲。多种好花香世界，买花人劝买花人。

虽然来价不相因，难得先生过往频。减价何妨再减价，卖花人劝卖花人。

方于彬的《竹枝词》中，却把各种商品都巡回了一遍：

世局如棋屡变迁，杨梳竹篦尚依然。金牌三字张公道，不坠风流四十年。

教养工场出品绸，簇新木器仿西欧。就中买个玻璃柜，人影衣香一例收。

> 划得农场地一区，潼川寸谷拟珠玑。蒙蒙细雨如烟雾，新试东洋喷水机。
>
> 南都石黛发双蛾，贴地长裙曳皂罗。似厌会场太喧杂，独来禽市买鹦哥。
>
> 机器留音众口夸，竹琴清唱静无哗。杏花村外频翘首，不卖松醪只卖茶。
>
> 团团黄柚出夔巫，水驿山程到蜀都。五角一枚亲手擘，甘芬绝胜荔枝奴。
>
> 渊雅斋头拥百城，兼收并蓄费经营。宋元版本知珍惜，异代应留益部名。
>
> 红裙高屐紫绡衣，东海樱花画里窥。却叩屏风问周昉，美人身段总嫌肥。

会场上还有基督教牧师，不失时机地在讲道。《竹枝词》也有涉及：

> 何处招来老教师？善翻神话最恢奇。圣经万本随人取，侈说耶稣上帝儿。

描写"打电话"这一新事物，也很有趣。不过在吸鸦片者的隐语中，"打电话"一词却是抽烟的意思：

> 一次摇铃五十文，特安电话利游人。场中尽有烟霞客，误入桃源怕问津。

陈宗和《青羊宫花会竹枝词》说：当时卖绸缎、玉器者在二仙庵；卖篾器者在青羊宫。所以他写下了贵贱两条道路：

> 米珠薪桂使人愁，那有余钱扯缎绸？转到青羊宫里去，回家卖个

筬筦筦。

工业产品压倒了民间手工产品，陈家和的《竹枝词》里流露出一种哀怨之情：

  国货精良土货殊，二仙庵外遍街衢。尽多农器无人问，务本谁披《稼穑图》？

徐重蕃《成都青羊宫花会竹枝词》语带双关：

  好铲锄头不合宜，须知卖货趁时期。只今政府倡廉洁，谁敢公然铲地皮？
  摊摆笙箫在庙门，吹来切莫当书温。谨防碰到韩湘子，要把先生吹掉魂。

冯家吉《商场竹枝词》描述了各种商品，比如牙粉，那是当时的一种时髦货：

  瓠犀洗净粉酥搓，秋水盈盈漾眼波。妾自嫣然郎莞尔，相逢一笑乐如何？

还有女鞋：

  不用红罗绣凤头，铺中女舄列优优。从知天足无嫌大，莲瓣浑疑玉井秋。

会场中还设有浴堂：

  红尘十丈太奔忙，拼得青蚨浴池香。洗出凝脂知水滑，温泉不羡

◎ 中庭

贵妃塘。

会场里居然还有当铺：

　　蛾眉新样月如钩，玉井梧飘一叶秋。库有长生都倒闭，谁家去典骕骦裘？

"打金章"活动为成都人所津津乐道，在陈宗和《青羊宫花会》里也有叙述：

　　流血相争笑此曹，会场新筑擂台高。就中拳法谁优胜？夺得金牌兴自豪。

徐重蕃词里说：

登台较技问谁强,出手双方各主张。却怪旁观空展劲,说他起腿不相当。

无名氏的《竹枝词》里,已经有了保护国货的意识:

百货横陈色色嘉,花团锦簇似云霞。奇奇怪怪翻新样,莫把西欧着意夸!

楹联匾额集萃所

青羊宫、二仙庵内现今存有大量楹联、匾额，堪称道教文化宝库。现在全部罗列如下。

✿ 匾额部分

青羊宫

山门

匾文　青羊宫
上款　清乾隆二十四年（1759年）
下款　安洪德敬书　甲子小阳月洪志存摹补

灵官殿

匾文　雷火总司
上款　天运丁卯年春吉旦（1987年）
下款　住持张元和重建　洪志存敬书

混元殿

匾文　混元殿
下款　袁其澂书

匾文　大道同源（篆书）

下款　岁次甲申荷月吉日（2004年）七六蜀叟周又郎书

匾文　玉帝宝诰全文
下款　中华民国甲戌年三月之吉（1934年）

八卦亭

南匾文　紫气东来

西匾文　老儿不老
上款　癸酉年二月十五日（1933年）
下款　信士田俊如敬上

三清殿

殿门匾文　三清殿
上款　癸亥六月（1983年）
下款　兴公补书

左匾文　道法自然
上款　成都青羊宫住持张元和监制
下款　癸未年季冬月（2003年）乐至李树荣七十又四恭书

左匾文　先天主宰
上款　青羊宫太上道祖座前
下款　华阳洪志存书　二千年天历庚辰春正月吉立（2000年）

右匾文　道冠诸天
上款　成都青羊宫监院陈明昌监制
下款　癸未年季冬月（2003年）乐至李树荣书

殿后匾文　寻声赴感
下款　甲申年冬月 开孝书

斗姥殿

殿门匾文　斗姥殿

左匾文　日月昭辉
下款　李仲尧

右匾文　弥罗内宫
上款　一九八八年岁次戊辰仲秋月吉立
下款　众杂人等赠

殿内匾文　众星之母
上款　先天大梵斗姥圆（元）君座前
下款　信士弟子赖昌洪 缪昌珍率子孙等敬献 住持张元和监制

照壁

匾文　福禄寿
下款　辛巳春（2001年）铭新道人题

玉皇楼

殿前匾文　玉皇楼
上款　天运丙子年春（1996年）
下款　华阳洪志存书

左匾文　玉皇殿
上款　公元一九九六年孟春月吉旦
下款　住持张元和重建 周北溪书

右匾文　通明殿

上款　公元一九九六年孟春月吉旦

下款　周北溪书

唐王殿

匾文　唐王殿

上款　丙寅年冬（1986年）

下款　弟子杨绍华 杨敏 王荣光敬献

说法台

匾文　道法自然

上款　甲戌年正月（1994年）

下款　太上清静真功 四川众弟子敬献

降生台

匾文　太上无极圣母

上款　年辛未季春望榖（旦）（1991年）

下款　（成）都市信士弟（子）樊映尾 万淑清敬献

道教协会

匾文　道法自然

上款　四川道教协会傅元天会长新任志庆

下款　乐山市 峨眉山 佛教协会敬贺 遍能书
　　　公元一九九三年岁次癸酉仲春中浣 敬立

二仙庵

山门

匾文　二仙庵

上款　甲申四月（2004年）

下款　刘奇晋敬书

灵祖殿

后壁榜书　道

文昌殿（玉皇殿）

匾文　丹台碧洞
上款　钦赐二仙庵陈清觉真人
下款　清康熙四十一年岁次壬午季冬月 御笔（1702年）

吕祖殿

匾文　兴行妙道
上款　丙戌年仲夏（2006年）
下款　周浩然书

二仙殿

匾文　宗风丕振
上款　丙戌年秋月（2006年）
下款　一瓢斋主 正清

斗姥殿（元辰殿）

匾文　元辰殿
下款　张启政

老庄书院

匾文　藏经楼

匾文　迎仙庐

下款　玉溪道人书

匾文　老庄书院
下款　朴真道人书

楹联部分

青羊宫

灵官殿

殿前楹联　律令起雷霆，玄道恢弘，青羊肃穆；
　　　　　神君驱秽恶，都天纠察，法界森严。

上款　冯广宏撰联
下款　二〇〇六年六月 刘奇晋书

殿后楹联　丹鹤巢松，青羊护苑，殿阁漾朝光，五千言慧典锵金，宝鼎香传柱下史；
　　　　　苍龙送雨，白鹿衔芝，蓬壶瑄玉宇，二三月莺花酿海，石坛绣锁洞中天。

上款　李国瑜撰
下款　乙酉嘉年 王安国书（2005年）

混元殿

殿前楹联　道德先天，粉碎虚空归一炁；
　　　　　清静无始，揭开混沌不二家。

上款　成都青羊宫道观
下款　岁次乙酉腊月俊华书于锦西（2005年）

殿内楹联　混元真一，三境至尊，六道四生咸化育；
　　　　　　空洞虚无，诸天宗仰，千真万圣尽皈依。
下款　舒炯书

殿内楹联　太极原从无极来，分一炁以化身，神周六合；
　　　　　　后天本自先天立，统万灵而作祖，德配三才。
下款　甲申年夏 蜀人华锦屏书（2004年）

殿后楹联　三教同天，向善方知太极；
　　　　　　万行有道，修真即是慈航。
上款　冯修齐撰
下款　丙戌大暑 苏小波书（2006年）

八卦亭

南柱楹联　西出函关佛子拜；
　　　　　　东来鲁国圣人参。

南门楹联　玉炉烧炼延年药（真文）；
　　　　　　正道行修益寿丹（真文）。

西柱楹联　无极而太极；
　　　　　　不神以为神。

西门楹联　深领古玄经，弘扬圣教销邪说；
　　　　　　共迎新世纪，益晋文明致大同。
上款　青羊道观惠存
下款　己卯金秋韶山毛远定撰联并书（1999年）

北门楹联　春驻玄亭，花月随缘参道祖；
　　　　　烟销丹鼎，人天垂象想羲皇。
上款　青羊宫八卦亭联　冯广宏撰
下款　丁亥新春　周浩然书（2007年）

东柱楹联　星躔井络垂灵曜；
　　　　　卦位坤维萃列仙。

东门楹联　大道不可道，五千言强启玄机，传兹圣教；
　　　　　无为而有为，亿万众同沾化泽，振我中华。
上款　青羊道观
下款　夏历己卯金秋韶山毛远定撰书（1999年）

三清殿

殿前楹联　福地卧青牛，石室烟霞万古；
　　　　　洞天翔白鹤，蓬壶岁月千秋。
上款　奉　青羊宫惠存
下款　时乙丑年初夏　华阳遇航敬书（1985年）

殿前楹联　西去青牛，关邀令尹；
　　　　　东来紫气，肆揖道君。
上款　成都青羊宫补楹
下款　甲申秋永嵩并书（2004年）

殿前楹联　玉局在前，少思寡欲守静笃；
　　　　　青羊不老，事遂功成法自然。
上款　成都青羊宫监院陈明昌监制　天笑撰联
下款　癸未乐至李树荣恭书（2003年）

殿门楹联　大道凝神，混沌初开来玉宇；
　　　　　至尊化炁，乾坤始奠降青羊。

上款　王文德撰
下款　岁在乙酉腊月 惟觉居士吕清平书（篆）（2005 年）

殿门楹联　太极合阴阳，神化赋形，要眇玄机塞天地；
　　　　　元精流上下，粹然养正，絪缊清气满乾坤。

下款　公元二〇〇四年仲秋谷旦 何崝撰书

殿内楹联　现紫气于秦关，居紫微之紫府；
　　　　　化青羊于蜀郡，敕青帝之青龙。

下款　汪小麟书

殿内楹联　道德经括人天治乱之大原，溯群仙统驭，万类生成，归于太极；
　　　　　柱下史与乾坤悠久而为祖，合佛教慈悲，孔门忠恕，树厥先声。

上款　丙寅夏四月（1926 年）
下款　下民刘咸荥敬撰并书

殿内楹联　元始说法于黍米，万圣来朝；
　　　　　高真演教欝罗台，千真集会。

上款　岁次丁亥孟春（2007 年）
下款　朴真道人敬书

殿内楹联　居柱下以传经，叹美犹龙，只缘知礼；
　　　　　过函关而讲道，何尝控鹤，谬谓登仙。

上款　先祖止唐公撰联

下款　双流刘恒壁敬书

殿后楹联　帝乃震居，实大生木德；
　　　　　民皆乾性，有度死莲花。
下款　刘咸熼

玉皇楼（三官殿）

殿门楹联　春和三界，红云献瑞护天门；
　　　　　日暖九重，紫气凌霄凝帝阙。（篆）
上款　丙戌春月（2006年）
下款　黄波于成都西郊

殿内楹联　道法自然，开辟鸿蒙，生唐虞夏德；
　　　　　心崇清净，肇原福祉，奉天地水官。
上款　丙戌正月（2006年）
下款　西蜀兴辉撰书

殿后楹联　镇玄天，踏龟蛇，以生物象；
　　　　　居紫微，参造化，而主星辰。
上款　刘成志撰
下款　顾全书

唐王殿（紫金台）

殿门楹联　名抑实扬，俪胁坤极身皈道；
　　　　　天旋地转，难料云孙梦寄川。
上款　冯全生撰联
下款　乙酉冬至（2005年）杨代欣篆于武侯祠南

说法台

殿门楹联　放翁寻梅，走马锦城经此迳；
　　　　　孔子问礼，东修泮水谒斯台。

上款　青羊道观说法台
下款　天运辛未年花朝月（1991年）住持张元和重建 洪志存撰书

降生台

殿门楹联　妙道凝玄，降世神龙双剑化；
　　　　　罗浮梦远，出关彩凤太极生。

上款　青羊道观降生台
下款　繁江杨竹夫撰
天运辛未年花朝月（1991年）住持张元和重建 洪志存书

道教协会（印经院）

殿门楹联　邻结三清，静读锦江古月；
　　　　　言循五祖，独刊玉府真经。

上款　青羊宫印经院
下款　荃荪撰 丙戌春（2006年）邓涛书

二仙庵

山门

楹联　叹前圣、观千秋礼乐，尽归玄览；
　　　仰犹龙、窥百世沧桑，总入清宁。

下款　岁在乙酉大寒（2005年）宏湘书于成都静居

灵祖殿

殿前楹联　正直镇玄门，举鞭时发降魔力；
　　　　　威仪临天地，撚诀常存卫道心。

上款　张骥子撰联

下款　丙戌春日（2006年）郫县张开书

殿内楹联　世间多假局，任尔放开胆量；
　　　　　天理自昭彰，看能饶过谁人？

下款　岁在丙戌年夏月（2006年）开县人氏张舫霞书于成都龙须苑

殿内楹联　彼吕韩兮，示奇变于楸枰，局中处处道心，道生一，一生二；
　　　　　夫巴蜀者，固乾坤之灵囿，庵外年年花会，花醉人，人醉仙。

下款　丙戌仲秋吉日（2006年）丹山叟撰　西蜀郑家林书于文翰斋

殿后楹联　一字赐丹台，紫气东来归锦水；
　　　　　二仙化白鹤，祥云西去赴瑶池。

下款　王文德撰联　袁其徽书

殿后楹联　二月黄莺，三春紫燕，衔来一派芳华，觅胜何须陌上？
　　　　　仙从白鹤，圣迹青羊，释去几多烦恼，出尘便在庵中。

上款　文伯伦先生撰联

下款　乙酉岁末（2005年）西充姚德淳书

文物陈列室（原百神殿）

旧联　位列北极，乃圣乃神、乃武乃文，百神永锡以百福；
　　　职司南天，以享以祀、以妥以佑，三品长结于三元。

上款　道光乙巳年夹钟月中浣（1845年）顾密斋乩撰

下款　钟鸣瑄重建圣殿并沐手敬书

旧联　弱水三千里，路遥遥，蓬岛仙子谁想同登玉阙？
　　　巫山十二峰，云影影，佛国禅师居然并列琼宫。

上款　道光乙巳年夹钟月中浣（1845 年）

下款　顾密斋乩撰

文昌殿（玉皇殿）

殿门楹联　皎月明星，法二仙度人度已；
　　　　　丹台碧洞，师万物无我无他。

上款　乙酉岁暮（2005 年）

下款　王宗吉撰 成都向黄

吕祖殿

殿门旧联　道通三教，教教悉阐教忠教孝之路；
　　　　　恩溥十方，方方大开方正方便之门。

殿门旧联　臧迷世界，惟有铁汉子撞破空虚，露些头角；
　　　　　烟火场中，岂无烈丈夫劈开尘障，放下身心。

下款　癸丑秋（1913 年）浙东弟子陆玑盥手敬书

殿门旧联　不喜钱，不喜酒，不喜妇人，只因眉宇间带两字英雄，延误了五百年出山正果；
　　　　　也要忠，也要孝，也要风流，幸得胎包内有三分剑气，险些儿十八滩上一扁舟。

上款　道光十五年二月吉日（1835 年）临吕祖迹笔

下款　华阳职员朱禄堂敬书

殿门旧联　门外荒冢何累累，倘令枯骨有知，应叹富贵功名，转眼尽入邯郸梦；
　　　　　此中还丹真上上，幸已金身不坏，任他桑田沧海，放怀常醉岳阳楼。

殿门旧联　此理本同然，孰为仙，孰为凡，果有心乎，当见我青羊之市；
　　　　　吾道非异也，犹是忠，犹是孝，世无知者，又何怪黄鹤孤飞。

殿门旧联　休说甚半边铛内，一粒粟中，但愿君两拳打开生死路；
　　　　　若悟得黑虎行时，赤龙耕处，好随我朗吟飞过洞庭湖。

殿内楹联　点金有术警愚顽，飞返洞庭，何时重合长生药？
　　　　　醉酒无方探奥妙，漫游秦岭，是处新开顷刻花。
下款　张绍诚先生联 乙酉年（2005年）勉之

殿内楹联　玉清殿内炼丹砂，显仙迹乎云洞；
　　　　　黄鹤楼头留圣迹，存道系在岩祠。
下款　丙戌夏（2006年）越者染翰

殿后楹联　黄粱梦觉，忘世上之功名；
　　　　　宝剑光辉，扫人间之妖怪。
上款　成都青羊宫嘱书
下款　丙戌秋月（2006年）唐宗安于天涯斋

二仙殿

殿前楹联　此地非洞庭湖畔，异蓝关马前，百花静吐空明水；
　　　　　二仙携天上琼浆，醉桥头秋月，一笛横吹澹荡风。
上款　吕祖韩祖殿前敬献
下款　己未九月（1919年）越巂马枏敬书　双江下民刘咸荥敬撰

殿前楹联　进士名登玉篆，布衣骨换金丹，笑他苍狗浮云，归路瑶池三尺水；
　　　　　同参卓荦仙心，共话黄粱旧梦，来此青羊古道，留人花市

　　　　　十分春。
上款　吕祖韩祖殿前敬献
下款　己未冬初（1919年）双江刘咸荥敬撰并书

殿前楹联　诗冠三唐格调，花开顷刻精神，佳话共流传，且向人间留妙相；
　　　　　久居蓬岛春深，爱此碧潭秋冷，清光环左右，好将胜地作仙庵。
上款　吕祖韩祖殿前敬献
下款　己未闰七月下浣（1919年）双江刘咸荥敬撰　上虞俞昌言薰沐敬书

殿内楹联　上有天帝照临，肃穆朝真，百尺经楼通玉阙；
　　　　　同是钟离指授，后先冲举，千年仙迹共香龛。
下款　华阳尹昌龄敬书

殿内楹联　果成绛洞紫芝，红炉丹汞；
　　　　　身历壶中岁月，枕上功名。
下款　薛刚乾撰　冯树人书

殿内楹联　道本冲虚，杂万念以冀神仙，上界恐无兹捷径；
　　　　　世多劫难，俾众生稍缄机智，至人于此示清修。
下款　华阳尹昌龄敬书

殿内楹联　饮中亦有八仙，莫名其妙；
　　　　　天外飞来二圣，相见以神。
下款　范维撰　冯树人书

178

殿内楹联　观弈志仙踪，故事荒亭来白鹤；
　　　　　闻箫深道悟，高风何处慕青羊。
下款　冯隆撰　明人书

殿内楹联　诗称上帝，易赞乾元，早有六经□□□（传要妙）；
　　　　　梦醒邯郸，云横秦岭，不妨一笑唤痴迷。
下款　己未仲秋（1919年）华阳颜楷敬撰并书

殿内楹联　真炁炼纯阳，几经醉梦沉酣，方成大道；
　　　　　家法严辟佛，不图文学世胄，得证仙缘。
上款　吕祖韩祖殿前敬献
下款　汉昌居士冯树人撰书

殿内楹联　梦中传玉枕，问何日逢师，云横秦岭钟三扣；
　　　　　火里种金莲，想当年度叔，雪拥南关笛一声。
上款　吕祖韩祖殿前敬献
下款　皈依弟子张诚意　姜顺宝同叩　汉昌冯树人敬撰并书

殿内楹联　长剑拂风云变态，双髻绾天地玄机，救世多情常住世；
　　　　　仙心飞笛外烟霞，慧眼观醉中日月，化身休认作凡身。
上款　吕祖韩祖殿前敬献
下款　静娱子敬撰并书

殿内楹联　碧洞透灵源，孤鹤带雏来汉表；
　　　　　丹台开宝笈，二仙留迹蹑天根。
上款　二仙殿民国八年岁在己未冬重建（1919年）
下款　佩阶玄裔花向阳子黑石生范玄忠拙撰

殿内楹联　法戒堂前，一炁灵传由终南五祖；
　　　　　玉皇阁下，二仙殿迹显长白三丰。
上款　二仙殿民国八年岁在己未冬重建（1919年）
下款　佩阶玄裔花向阳子黑石生范玄忠拙撰

殿后楹联　此日心印玄坛，慧性默参，显同晰千函贝叶；
　　　　　今宵月满天际，蟾光初圆，恰更悬一颗明珠。
上款　二仙庵民国己未年冬重修纪（1919年）
下款　紫芝洞佩阶玄裔黑石生范玄忠撰书

殿后楹联　受戒初心即道心，会将来非有非无，万法备矣；
　　　　　诚心自戒为真戒，悟得到何思何虑，一以贯之。
上款　二仙庵民国己未年冬重修纪（1919年）
下款　紫芝洞佩阶玄裔黑石生范玄忠撰书

殿后楹联　一心学道道无穷，穷中有乐；
　　　　　万事随缘缘有分，分外无求。
上款　二仙殿民国八年岁次己未冬吉旦新建（1919年）
下款　绥山佩阶玄裔大玄之精范玄忠敬书

老庄书院

殿前楹联　闻说仙人烹白石；
　　　　　思从羽士服黄精。
下款　己丑仲夏（2009年）何崝撰书

殿内楹联　自然以外无常道；
　　　　　弟子之中有圣人。

上款　理玄子撰联
下款　朴真道人书

藏经楼

殿前楹联　起鲲鹏九万里；
　　　　　参道德五千言。

上款　冯广宏撰
下款　广清书

真师辈出话仙才

广成先生杜光庭

青羊宫第一代住持,应该说是唐僖宗时的道士李无为。他因观内出土灵砖,受到僖宗"赐紫",获得"真人"的称号,其他事迹不得而知。乐朋龟《碑记》中,仅说他是"国源清派,天叶芳阴",可见他与皇家李姓有一些关系,道派纯正;而且真诀千重,仙经万卷,他都一览无余。此后传继何人,文献中毫无线索。

与青羊宫关系最深的道长,是一位杰出人物——唐末的杜光庭(850—933)。

史载杜光庭字宾圣(一作宾至),号东瀛子,处州缙云(今属浙江)人;但他的籍贯又有括苍或京兆杜陵之说。他自幼即勤奋好学,博览群书。

◎ 文昌殿

于公元860—873年，即唐咸通年间应"九经"考试，虽赋万言而不能中，使他名心顿灰，于是弃儒入道，师事天台道士应夷节，成为司马承祯的五传弟子（司马承祯传薛季昌，季昌传田虚应，虚应传冯惟良，惟良传应夷节）。由于张天师、陆修静撰集的道门科教，岁久废坠，他便考订真伪，条列始末，重新梳理，汇为一集，为天下道众所遵行。后来翰林学士郑畋把他的文章推荐给僖宗，僖宗非常欣赏，还召见了杜光庭，赐以紫服象简，让他充任麟德殿文章应制，成为道门领袖。那时文化界对他的评价是："词林万叶，学海千寻；扶宗立教，天下第一。"

公元881年，即唐中和元年，杜光庭随僖宗到成都避难，从此居留于蜀。当时曾奉敕前往青城山丈人观修醮，受到僖宗的称赞。后来王建建立前蜀政权，他也备受赏识，命为太子王元膺之师。王建曾经说过：汉朝有"四皓"，不如我得到你这一位先生。那时杜光庭又荐学者许寂、徐简夫进入太子东宫，参议政事，彼此相得。公元913年，即前蜀永平三年，他升任金紫光禄大夫、左谏议大夫，封蔡国公，并进号"广成先生"。公元916年，即前蜀通正元年又任户部侍郎。后主王衍继位后，于公元923年，即前蜀乾德五年，亲在苑中接受道箓，以杜光庭为"传真天师"、崇真馆大学士。但是王衍比起他的父亲王建来，无论哪个方面都逊色得多，杜光庭看不到前蜀政权的前途，就隐退到青城山白云溪修身养性。他在那里修建了一座飧和阁，实行"上清紫虚吞日月气法"。

杜光庭为人豁达风趣，与当时的诗僧贯休是好朋友，常互相开玩笑。有一天，他们两人在道上骑马并行，贯休那匹马忽然坠粪，杜光庭连呼："大师大师，数珠落地了！"贯休脑筋急转弯，说："那不是数珠，是大还丹！"二人在马上哈哈大笑。

杜光庭曾向前蜀宰相徐光溥介绍过他的学习方法。起初在上庠读书时，那里书籍很多，便做出计划，一月之内以每5天为一个阶段来学习，头一天背经书，第二日读子史，第三日学作文，第四日记故事，第五日休息。下一个五天也是这样安排，周而复始。在每一个周期内，前4天里安排不同的学习内容，最后一天放松，劳逸结合。他用这种方法，不过六七年，

将儒道两家的许多典籍都读熟了。他对道教文化遗迹特别关注,还作过不少实地调查,生平著述极为丰富。《正统道藏》收录他的著作就有 27 种,《全唐文》收录的则有 302 篇。

杜光庭对道教教义、斋醮科范、修道方术等,进行过大量研究和整理。他对《道德经》的研究用力最勤,曾将以前诠释《道德经》的 60 余家进行了比较,概括意旨,分为"五道"、"五宗",对其中的"重玄派"尤为推崇。他主张调和儒道二家思想,认为老子主旨并非"绝仁、义、圣、智",而是在于抑制狡诈聪明,"体道复元,自臻于忠孝"。他很推崇唐玄宗《御注道德经》,发挥其玄旨,认为那些诠释能够内以修身,外以理国。他又主张"仙道非一",修养不拘一途,这些主张显然有利于道教的传播和发展。

杜光庭的主要著作有《道德真经广圣义》50 卷,《道门科范大全集》87 卷,《太上黄箓斋仪》58 卷,《广成集》17 卷,《序太上洞渊神咒经》20 卷,《道教灵验记》15 卷,《神仙感遇传》5 卷,《墉城集仙录》6 卷,《录异记》8 卷,《太上宣慈助化章》5 卷,《集陆修静、张万福、李景祈、留用光、蒋叔舆等无上黄箓大斋立成仪》57 卷,以及《洞天福地岳渎名山记》、《太上老君说常清静经注》、《历代崇道记》各一卷,其他斋、仪、表、序、记、传、颂、赞等,不一而足,确实对道教文化建设作出了多方面的贡献。

碧洞真人陈清觉

清初四川人口锐减,朝廷采取"湖广填四川"的移民措施,号召外省民众入川创业。此时,有6位全真教龙门派道士先后从湖北来到四川,他们就是陈清觉、张清湖、穆清风、张清云、张清仕、张清夜。穆清风于公元1714年,即康熙五十三年主成都梓潼宫,后于公元1729年,即雍正七年退隐于青城山白云观;张清湖主青城山天师洞;张清云主三台县云台观;张清仕主灌县二王庙。其中以陈清觉和张清夜与青羊宫关系最密。

◎ 降生台

陈清觉(1606—1705)字寒松,号烟霞,湖北武昌人。公元1573—1619年,即明万历年间,曾以进士入庶常,除东宫侍讲。后来感到功名富贵无益于身心,于是弃官至武当山太子坡,师从全真龙门派道士詹太林(名守椿,王常月弟子),讲求养生术。公元1669年,即康熙八年,他与师弟张清湖(今中兴镇两河村境人)一同入川,遍游峨眉山。当时此地历经明末清初战乱破坏,殿宇毁损,钟磬无声,各庙道士逃亡一空;他们听说青城山是"神仙都会",便前往青城山,驻足常道观;张清湖则住文昌宫。他们节衣缩食,四处募化,苦心经营,将青城山天师洞和文昌宫整饬一新,后由张清湖一手经理。陈清觉于公元1687年,即康熙二十六年到成都青羊宫结茅养静,那时他已年过八十。

陈清觉深研《悟真篇》内丹功法,融会南派和北派理论,主张性命双修,动功与静功兼习。他所传《玄门太极长生功》,现在常道观尚有秘藏抄本,以往曾广为流传,是道家动静双修的上乘功法,足以延年益寿,超凡入圣。

公元1695年,即康熙三十四年,四川按察使赵良璧偶游青羊宫,与九十岁的陈清觉相遇,见其道貌清奇,谈吐不凡,便请入衙署,促膝长谈,历经数日。赵良璧对陈清觉佩服得五体投地,于是捐俸筹资,购地修建二仙庵,以供其清修之用。赵良璧又将其事上奏朝廷。公元1702年,即康熙四十一年十二月,皇帝召见了陈清觉,并钦赐御书"丹台碧洞"匾额和《张紫阳真人赤龙黑虎诗章》,以及珊瑚树、金杯等宝物,还敕封他为"碧洞真人"。

从此,陈清觉即住持二仙庵,创立全真龙门派丹台碧洞宗(简称碧洞宗)一系,这是近代巴蜀地区很有影响的一个支派。公元1705年,即康熙四十四年九月二十二日,陈清觉羽化辞世,享年百岁。

自牧道人张清夜

张清夜(1676—1763)初名尊本，字子还，号自牧道人，江南长洲（今苏州）人。少为诸生，善书工诗，本是东吴名士。后来游历四方，常有超脱尘世之想，在湖北武当山太子坡，遇见全真龙门派第九代传人余太源，即拜之为师，出家修道。

公元1723年，即雍正元年，47岁的张清夜溯江入蜀，遍览峨眉青城之胜，见山川之灵异，感人事之变迁，先后居成都临江寺、惜字宫，一琴一榻，悠然自得。那时四川巡抚宪德经常上书言事，但并未得到朝廷的肯定，有个幕僚与张清夜关系较好，曾请他将奏折文字代为修改。谁知经张清夜修改的奏折上达朝廷后，事情竟然很快得到解决，宪德大为惊异，极力邀请张清夜还俗为官，但张清夜坚辞不就。

公元1729年，即雍正七年秋，武侯祠住持病重，无力看管祠庙，向成都县和华阳县官府推荐张清夜来看管，于是张清夜便奉命从惜字宫移住武侯祠。

张清夜住持武侯祠后，立即大力修缮庭宇，修植杉柏，建立围垣，在诸葛亮殿西侧建立"圆通境"，其西侧开凿水塘，池中种荷花，岸上栽桂竹；其南侧修建茅屋三间，号为紫阳洞，作为清修之所，他就在那里读书，度过37年。

公元1739年，即乾隆四年，张清夜在送仙桥畔购地一亩三分，作为道人羽化后的安葬墓地。同时又清理武侯祠的庙产，把原有的祀田39亩收了回来。公元1741年和1743年，即乾隆六年和八年，他从民间募集银两铸造铁炉两口，分别放在诸葛亮殿和刘备殿前，高3尺，围径7至8尺。

张清夜很尊重武侯祠原有的陈设，无论是建筑格局，还是塑像、碑刻、

◎ 太极广场全景

匾联,都遵照原有的格局,从不妄加增删,也不加进有关道教的内容。

　　乾隆八年,原绵竹知县安洪德调任华阳知县。他在青羊宫门前经过时,发现那里环境幽静,青松翠柏掩映殿宇,但整个建筑大都腐朽不堪。当时乾隆皇帝降诏,凡是天下名胜之地,都有修葺的要求。于是安洪德便会同成都知县夏诏新,一同前往青羊宫查看,将青羊宫田产清理回来,招佃耕种,但一时找不到管理修缮工作的人才。后来安洪德发现张清夜所管理的武侯祠,焕然一新,景物幽秀,各方面井井有条,便想把青羊宫建设经营事项也托付给张清夜。但张清夜说:"青羊宫是道教祖庭,本来就是我们分内的事,但我已67岁,年纪大了,没有精力再做管理的事。"后来成都知府王时翔又诚恳地请求,使张清夜无法推辞,只好派遣他的徒弟汪一萃担任青羊宫住持,再由年轻的王来通担当经营管理实责。张清夜时常到青羊宫协助,他们节衣缩食,广集资金,为青羊宫的修复做好各种准备。

公元 1745 年，即乾隆十年二月十五日老君圣诞之期，青羊宫创悬经版，接待十方，张清夜、汪一萃等把青羊宫改成了十方丛林，安单接众，广泛授徒。公元 1748 年，即乾隆十三年，青羊宫住持汪一萃羽化，王来通继任住持。公元 1751 年，即乾隆十六年，王来通欲将《阴符经》勒石，75 岁的张清夜亲自为之书写题跋。

张清夜开启了青羊宫道教法嗣，多年在武侯祠紫阳洞辛勤著述。到了公元 1744 年，即乾隆九年时，张清夜已将住持之位传给唐复雄，暇时研读《阴符经》。他于公元 1754 年，即乾隆十九年，撰成《阴符发秘》一书，自署"长洲八十老孩"。

张清夜还著有《潭东诗草》、《忠武侯钟铭》、《辑省体编序》、《忠武焚炉引》、《重募古柏行碑跋》、《太极赋》等文。当时四川总督尹继善写有《赠张道人序》，盛赞其鹤发童颜，见解旷达，甘贫乐道，数十年来不出户庭，藤杖芒鞋，萧然自得，有严君平之高风。他的《潭东诗草》，天机活泼，如水月镜花，非寻常道家之言，而思致超逸，绝不袭儒生章句。

公元 1763 年，即乾隆二十八年，张清夜无疾而逝，世寿 87 岁。

纯诚可嘉王来通

继汪一萃住持青羊宫的王来通,早在雍正年间就住持灌县二王庙,因修庙困难,便下决心自筹建材,一生种树十余万株;他又关心都江堰水利,编辑《灌江备考》等早期水利文献,是对道教文化有很大贡献的人物。

王来通(1702—1779)字自明,号纯诚,又号静性、阳奇,四川奉节县人。自幼离俗出家,20岁时投师李阳修,来到灌县(今都江堰市)。那时岷江东岸的二王庙庙宇颓败,他在那里驻单留庙,参与庙宇的修复工作。由于他发奋振作,昼夜操劳,深得庙中道众爱戴,被推举为住持。

公元1727年,即雍正五年,四川巡抚宪德奏请朝廷,要求褒封修治都江堰的秦蜀郡守李冰及其子二郎。经礼部议定,册封李冰为"敷泽兴济通惠王",二郎为"承绩广惠显英王",并令地方官立祠,春秋致祭。因为二王庙正是祭祀李冰父子的专祠,但庙宇狭小破败,与其所受褒封不相称,于是王来通发愿将庙宇加以修缮,四处奔走,募集修庙资金。在他的努力下,公元1731年,即雍正九年,重建了前后大殿、娘娘殿、戏楼、牌坊、两廊,共计60余间,耗费募集来的资金5000余两。

公元1733年,即雍正十一年,春旱,四川总督黄廷桂来到二王庙祈雨,祭祀才毕,就电闪雷鸣,下起了大雨。王来通利用这一机会,向黄廷桂提出扩建庙宇的要求。黄廷桂随即视察了二王庙,只见那里庙貌虽然庄严,但规模不够宏大,而且历年已久,未免有些颓朽。黄廷桂便会同抚院各官,商量拨款扩建的事。不久,资金落实下来,很快便建起了正殿和东西廊庑,殿前修了牌门,左右修了碑亭。后来黄廷桂还在二王庙举行了对李冰父子的祭祀大典。

公元1738年,即乾隆三年,茂州知州朱介圭因公出差,到灌县来瞻仰二王庙，王来通当时陪同参观。言谈之间，王来通提到任何事情都有主有辅，说当初凿离堆的主持人，主要是李冰，二郎只是辅助人员。虽说父子同功，殿堂规格也应该一样才对。现在二郎的前殿很新，而李冰的后殿很旧，恐怕有点不大合理吧。如果能募集资金，将后殿也翻修一新，那才是正理呢。朱介圭听后非常赞成，答应为此事呼吁一下。事后，王来通就不辞辛劳，往来奔走，募集新修后殿的资金。有志者事竟成，不久也将后殿修得焕然一新，而且还修了庙前的东楼和入口的石梯通道。

在募化修建资金的过程中，王来通深切体会到乞求的艰辛，于是他暗下决心，自力更生，设法用自己的力量来做殿宇的维修工作。考虑到以后的修建最需要木材，他就从公元1734年，即雍正十二年起，带领道众利用庙旁隙地种植杉树，并且发誓每年栽树一千株。他说到做到，几十年间植树从不间断。

公元1743年，即乾隆八年，41岁的王来通奉张清夜之命，与师爷汪一萃来到成都青羊宫，负责重建殿宇的管理工作。他有建设二王庙的丰富经验，一切都驾轻就熟，青羊宫的建设进行得井井有条。公元1748年，即乾隆十三年，青羊宫住持汪一萃羽化，王来通继任住持，继续主持修建事务。过了三年，他又将青羊宫八卦台改建成了八卦亭，左面的三官殿、后面的祖师殿，以及无极大殿（三清殿），也先后兴建完成。

王来通离开二王庙后，那里的住持由张合翕代理，而在玉垒山植树的工作，仍然年年不断。到了公元1770年，即乾隆三十五年，王来通回到二王庙，他重新统计了一下，经他主持栽种的杉树共达84000多株，白蜡树64000多株；为了积累维修的工钱，又栽了胡桃树1500多株。从二王庙后殿山上起，一直栽满了整个山头。翠色青葱，终岁不断，大大改善了生态环境。

王来通考虑到，种了树如果不护树，就会前功尽弃。于是他决定为管树人员修建住房，并为他们开辟生活费用来源。他在二王庙后山上，每一里路修一座小庙，称为清源、广德、崇德三庵；在三处小庙之间，又修了聚仙、步云等三座亭子，以供休息。他还利用积斋供银650两，买了旱田

300亩,为看树人提供衣食之源。这些扎实的措施,确实解决了许多具体问题,使所种树木日久长青。

王来通晚年曾立下许多碑记,谆谆告诫后人:日后住持维修庙宇,可以用杉树作为栋梁之材。砍伐时必须事先估计用木多少,匠人工价多少,一切费用多少,卖掉杉树一两百根,便可支付各项费用。比如一根杉木卖银二三十两,两百根即可卖银五六千两,则何殿不可补,何庙不可修?又何必去募化十方呢?以后庙宇修建,可以永不募化!

王来通30岁以前,在工程维修中事必躬亲,染下了风湿软脚病,后来遇见异人授以万应膏,贴之即愈。他便按照单方如法炮制,广泛施送。王来通除了施送膏药以外,还施眼药。他这种免费施药的善举,使二王庙门庭若市,远近病人纷纷前来求药,以致每年送药费用达白银100多两。此外,修路施茶等各种善举,他也总是当仁不让,所做善事不胜枚举。

◎ 太极广场侧景

王来通又十分关心水利建设。由于灌县玉堂场到太平场一带山麓为旱地，缺水灌溉，他曾会同王天顺、艾文星、刘玉相、张全信等五人，捐银修堰，在横山寺凿岩开渠。从公元1754年即乾隆十九年起，经过三年努力，从沙沟河起水，修渠20多里，可供3万亩农田灌溉，命名为"长同堰"。

二王庙位于都江堰首，王来通平时注意观察水情，充分了解用水季节，主动研究都江堰维修中的一些问题。他作为二王庙的住持，不但坚持当好道士修好庙，还把都江堰岁修中的一些技术经验，写成《拟做鱼嘴法》、《做鱼嘴活套法》等文章，为后人治水留下宝贵的材料。

王来通少年入道，缺乏读书的机会，文化水平原本不高，但他广交当时文士，将能够收集到的古今都江堰水利技术著作汇编成册，称为《灌江备考》。他编书的目的，是怕李冰治理都江堰的良方不能昭示后人，永垂久远；只有印成书籍，才不致像碑刻那样日久风化，才能为子孙后代所永续利用。

公元1743年，即乾隆八年，《灌江备考》第一版刊刻成书。公元1754年，即乾隆十九年，王来通又约请崇宁县举人张灼将李冰父子事迹散见于史书记载者，汇辑成集，写成《汇辑二王实录》；此后又委托水利同知王廷珏采辑，士人李先立编次，补充了许多明清水利著作，加上当时重刻的六字碑记，以及有关诗文，编入书中，定名为《灌江定考》。其内容较前书更为充实，给后来研究都江堰的人，提供了极其重要的科学根据。

在公元1761年，即乾隆二十六年，王来通60岁时，他再次将治理都江堰的资料进行了补充，定名为《汇集实录》。除已刊文章外，又补充了元代揭傒斯《蜀堰碑》等文献，以及二王灵异记载、本庙事务碑记等内容。

公元1779年，即乾隆四十四年九月初一日卯时，毕生弘法利人的高道王来通羽化离世，享年77岁。

辑刻《道藏》阎永和

王来通为都江堰文化作出巨大贡献,是青羊宫住持中的杰出代表。能够与之比肩的,则要数光绪年间二仙庵住持阎永和,他为弘扬道教文化也曾作出过特殊贡献。

阎永和号笙喈,是二仙庵第二十一代住持,光绪年间经营宫观,不遗余力,一生办了许多实事。他在文化上的最大功绩,是收集到清初彭定求、蒋元庭编辑的《道藏辑要》版本,于是团结文人学士,补充完善这一道教经典丛书,并尽最大努力加以刊刻。他与继任者共同主持雕刻梨木版1.4万块,前后历时15年,完成了这一巨大的文化工程。现在这套刻版,虽经历千难万险,仍基本完好地保存在青羊宫二仙庵内,并可以继续刷印,成为现代的道教文化瑰宝。

《道藏辑要》的编纂,最初是由康熙时一位自称"守纲道人"的彭定求所完成的。他从明版《道藏》中精选出道书200种,按28宿字号分为28集,举凡道教重要经典以及历代祖师著作、修炼丹诀、科仪规戒、仙传谱记,皆有所收录,实际上是《道藏》的简辑本。

彭定求(1645—1719)在《清史稿》中有传,他是江苏长洲(今苏州)人,字勤止,公元1686年,即康熙二十五年中了状元,曾任翰林院修撰、侍讲,参与校编过《全唐诗》。后因父丧乞假归里,遂潜心理学,出入释道。他崇奉道教,是清初苏州道士施道渊的弟子,家中还修有文昌阁,供奉文昌帝君。

据今人《道教年表》载,公元1820年,即嘉庆二十五年时,好道之士蒋元庭又在彭定求的基础上,重新增补明代《道藏》以外的道书79种,将《道藏辑要》加以扩展,重新刻印,是为《道藏辑要》第二次编辑出版;仍

分 28 集，计收道教典籍 279 种。

蒋元庭（1755—？）原名予蒲，字符庭或沅庭，号南樵，是河南睢阳人，平昔与道士之流交往甚密，曾在天仙派觉源坛进行活动，通过扶乩编辑过一些道书。其父名为蒋日纶（1729—1803），也是高官，笃信道教。公元 1781 年，即乾隆四十六年，蒋元庭考取进士，并获翰林院庶吉士头衔。次年被任命为四库全书缮书处分校官。公元 1794 年，即乾隆五十九年成为内阁侍读学士。公元 1802 年，即嘉庆七年担任太仆寺卿。公元 1806 年，即嘉庆十一年任工部右侍郎。两年后成为户部侍郎。

蒋元庭在公元 1795 年，即乾隆六十年时，曾在北京广惠寺从明心和尚受居士五戒，开始吃素，所以他实际上对佛道两家都有信仰。

《道藏辑要总目》解题称："是书清嘉庆间蒋元庭侍郎辑，板存京邸。及送板南归，而先生又北上，卒于京；故外间传本甚少。"清晚期彭瀚然

◎ 二龙戏珠

《重刊道藏辑要弁言》称：当时蒋本"其板已毁"；在整个四川省内，只有严雁峰家藏的一部，真可谓硕果仅存。蒋元庭害怕这一宝贵的丛书在西蜀失传，就与阎永和商量，一同募化资金，重新刊刻，于是有了《道藏辑要》的第三次编印。

现存四川严雁峰所藏的蒋本《道藏辑要》，其中文字只避康熙、乾隆、嘉庆等帝讳，道光帝以下没有避讳；并且所收《大洞玉经》卷首载有"燮元赞运孚佑帝君"的序，所谓"燮元赞运"四字，正是公元1809年，即嘉庆十四年，朝廷给吕洞宾增加的封号。可见此书确是嘉庆年间蒋元庭所编印。

至公元1892年，即光绪十八年时，蒋本书版已遭焚毁，成都二仙庵住持阎永和与新津彭瀚然、井研贺龙骧提出倡议，共同努力，对全书重新进行校勘、增补，共增加道书17种，书目23种，与蒋本279种合为319种，共计531卷，定名为《重刊道藏辑要》。至公元1901年，即光绪二十七年，历时9年，编纂才宣告完成。接着他们便大力宣传，广泛筹集经费，开始雕版。重刊本完全按照原本格式刊刻，所增加的部分注有"增刻"、"续刻"字样。全书仍按二十八宿"角、亢、氐、房、心、尾、箕、斗、牛、女、虚、危、室、壁、奎、娄、胃、昴、毕、觜、参、井、鬼、柳、星、张、翼、轸"顺序排列，依旧分为28集。

《重刊道藏辑要》雕版工程，始于公元1901年，即光绪二十七年，依靠各界善士捐助而启动。在刻版过程中，公元1908年，即光绪三十四年，住持阎永和羽化，遂由继任的宋智和与王复阳继续主持雕刻，前后经历三次制作，至1915年为止，历时15载始告竣工。所有经版均用梨木雕刻而成，共计14751块。每块两面刻字，一面两页，每页10行，每行23字，表现出蜀刻的独特风格，成为当今世界道教经籍中唯一珍贵的存版，堪称稀世珍品。其规格有5种，最小的是29厘米×20厘米，最大的有54厘米×26厘米。刻成之后，即正式印刷成书，全书装订成244册或245册不等。

应该指出，此书初版印本裁定，稍有出入。如一种印本记有"光绪丙午年重刻，板藏成都二仙庵"字样，还有云龙图题识"皇图巩固"、"帝道遐昌"等字；接着是彭瀚然序和原版书序，"凡例十六则"中有三则为新增。另一印本为刘咸炘旧藏,卷首内容很多,从公元1733年,即雍正十一年二月十五日《上谕》到雍正帝制《三教语录总序》,都是朱字刊印;另有阎永和《重刊道藏辑要缘起》、彭瀚然《重刊道藏辑要弁言》、贺龙骧《校勘道藏辑要书后》及各种书目。现在二仙庵经版已有残损,近年巴蜀书社借用加以翻印;日本在1971年也发行了影印本。

《重刊道藏辑要》主要价值,在于增收了正、续道藏以外之百余种道书,其中绝大部分是明清时代新出的文献,如托名吕洞宾的《太上玄元道德经解》、《先天斗帝敕演无上玄功灵妙真经疏解》、《九皇新经注解》、《玄宗正旨》、《玉枢宝经》、《十六品经》、《金华宗旨》、《同参经》、《五经合编》(包括《吕帝心经》、《先天一气度人妙经》、《延生证圣真经》、《金玉宝经》、《醒心真经》)、《吕帝文集》、《吕帝诗集》等。

1937年抗日战争爆发后,经书印刷工作被迫停止,而保存在二仙庵印制房内的经版,侥幸免遭战火。1957年,这些雕版又搬至二仙庵方丈堂潜藏,以避免无谓是非;1961年,再从二仙庵搬往青羊宫,保存至今。

1957年至1960年,在成都市文化局指导下,对所藏雕版煮洗过两次,以免虫蛀。当时,二仙庵和青羊宫的三四十位道士,不辞劳苦,垒起大灶,支起两口大锅,将经版从架上按编号顺序一块块搬下来,用大火钳夹着,分头放入锅中翻煮,煮过的经版,则进行晾晒;晒干后,再由道士刘理钊等人按编号顺序细心整理上架。这些非常琐碎和细致的工作,每次均历时两月之久。

"文化大革命"时期,为避免经版损失,道士张元和尽最大努力,担负起保护之责。当时有些经版已被人当木材拿走,经道士们一再交涉、抢救,大部分经版总算保存了下来,但仍损失400多块。1984年巴蜀书社决定联合重印《道藏辑要》时,几位年轻道士费时两个多月,又将每块经版清洗了一遍。

现在,在一间百余平方米的储版室里,从地面到屋顶整整齐齐地堆满了木刻雕版,井然有序。印刷时,工作人员先用毛刷将墨汁在版上涂刷均匀,再轻轻地把宣纸覆盖在雕版上,经过"三走四擦",一张书页就印好

了。然后进行捡页、折页、齐墨、切书、装订等18道工序，就能制作出一本手工雕版印刷书。

《成都日报》记者赖武，曾经对印刷过程进行过实地采访，写成《青羊宫：古老印刷术散发墨香》一文（2008年1月2日）：

经当家的陈明昌道长介绍，我在一个老四合院里见到了负责印经的蒋师傅。院子位于三清殿右侧，院中植物茂盛，雨中绿叶泛着活泼的亮光。因无居家的繁杂，院落洁净清爽，感觉正是道家所居潇洒出尘之境，易于静观内心而超脱。左右厢房分别为印刷车间和经版房。

蒋师傅带我先看藏经版房。经版房约有180平方米，焦墨味混合着潮气在狭小的空间中弥漫开来。房中铁架子横竖错落、又挤又暗。经版紧挨着置于架上，像现代书籍一样竖放。架子高的两米多，少部分仅一米三四高，分成隔层，经版均按某类某种经书排版顺序置放，取印也按顺序。所以，蒋师傅叮嘱我不要乱抽乱放，以免印刷中排错版页。

经版大小一般是22厘米（宽）×33厘米（长）×1.5厘米（厚），印出书的规格是28厘米×19厘米，印"经忏"（俗称走马折子，像朝臣的奏折）的版子较大，是53.5厘米×29.3厘米，还印一种叫"科仪"（道士做法事用的，篇幅较少）的经书，书的规格是21厘米×32厘米，比一般经书稍大。每个架子上都有标牌，写明属何种经书。经版都是黑黢黢的，不知印过多少经书了。

印经版的是三个年轻人。经版摞在案头，都是选好了按顺序要印的。台前正中放置要印的版子。小周先用墨刷子在版子上敷墨，接着放上一张按规格裁切好的宣纸，然后用一刮子在纸上均匀地碾几下，随手扯起，雕版上的反体字即印在纸上了。

小周说，这刷墨的"刷"，应称"走"，每印一张纸，都要在经版上"走"一道墨；刷子叫"走子"，铺纸于墨板上后不叫碾，叫"擦"，前后动作连贯，熟练的就是"三走三擦"，不仅快，且字迹清晰、墨色均匀饱满。我看小周平均几秒钟印一张，非常熟练。他说已干了3年，每天7个小时，按规定一天印1900张纸，早已习惯，完全是机械动作了。经版两面刻印前要先数纸，每个版子正反各印60次，完后即把版子堆放在脚下。印版的墨是从本市凤凰山一工厂出的焦墨，宣纸是夹江生产的，夹江宣纸在文人中素有名望。

  蒋文师傅说，线装经书的工序有十多道，从切纸开始（整张69厘米×132厘米），通常裁成7张，若印"科仪"版，只能裁6张；接下来是分集开印，每个印工负责几集，最后合成一本。一版需印60张，即印60套，一个印本一天印1900张，约印30至32个经版。按全套《道藏辑要》经书245本计算，60套就是14700本，蒋师傅说光印齐就要一年多时间，这里的三个印工只有两个印经书，一个印"科仪"版。若用现代电脑排版，印刷完毕当不出一月。

◎ 老庄书院

印齐一本书后就"配页"（或称"捡页"），把相连页码按每种书的顺序捡出配齐，大致一天一个"捡页"工要捡上万张纸；接着是"折页"，印一个版子是两页，需从版心对折，然后"加附纸"（又说是嵌附纸），同于现代书籍封页内的衬纸；然后将一本书的页码全摞一起进行"齐墨"，将版心的鱼尾形记号或黑口线对齐，再"整墨"，把页码从里到外依版心黑线对齐，因这一边是不裁切的，再放在机器上压紧密；接下来是"贴壳子"（这是书的封面）、"切毛边"、"打眼子"（这是线装书缝线必需的步骤）、"缝线"，在封面贴书笺，一组组书出齐后按序装函套，在函套上贴书名标签。可见木版印一本书，从印刷到装订成型，要费不小的工夫。

因是各做各的工序，不断重复一个动作，工人们都已成了熟练工，均要为书的装订配套而完成大致的工作量。缝线的师傅说，手快的一天要缝二百本。蒋师傅说，这里最长工龄的不过三年，印工中有一个才个把月，而一天的装订量是2600页，工序配套、速度相应，不熟练是不行的。快而不出错，动作程序严密精细，这也是达到手工艺至高境界必需的过程。尽管工人手中的活不停，却有说有笑的，似乎并没觉得工序的单调及熟悉技艺的艰难。赏心悦目的是成品线装书堆积案上时，手摸着书页翻阅，感其质、闻其香，看其斗大的字，真有文化典籍的厚重之感。其古色古香，令人爱不释手。

蒋师傅从1996年开始印刷，算是这里最老的印经人了。我去时正看他裁切成书毛边。他说，现在木版印书很艰难，首先纸张贵了，像夹江宣纸，原先13元一刀，后来15元一刀，现在46元一刀，差不多翻了3倍。"当家的甚至说不行就用胶版印刷。那样咋行？胶印的纸不对，墨也不对，拿起就没有道书的感觉"，他把手里的道藏线装书翻了一下，说道："还是要这样的书翻起才对。这是我留着的，哪个要，我只给他复印，原书不给他。现在这里是有要的才印，干一天算一天，顺其自然。"

不过，工人们在做着这非凡的生产时，他们淡然的神情、简单的动作，又使你正视这种手工艺普通的一面。无论道士还是年轻人，谁都没有把这里的生产看得多么了不起，尽管他们知道外界没有人在做这种工作。蒋师傅说起或做着木版印刷，都是一副平静的表情，"道教典籍历来是这样出的，就像念经一样，天天如此，自然而然"。所以这里的木版印刷，并未被视作落伍或与现代商业格格不入，却被一种平常、静默而单纯的心，自然地接受并认真地做着。

文物陈列室姓李的道士说的话给我启发——"道家就是要原始的、先天的，所以读经书要读祖师爷留下的，手工印制的。木版印线装书里面的字十分耐看，书样朴实亲切，摸起柔软，有体贴的感觉；字行醒豁、舒服，老了看都不费眼睛。在宫观里，读这样的书，出家人是安心的。"

记者发现，零乱放在木架旁的一些印版，已虫蛀出洞眼。有人认为："现在最好的办法，可能是重新雕刻一套印版，将珍贵的清代原版停止使用，以便保护。"

不过，重新雕刻不但需要找到技艺高超的工匠，经费和时间也是大问题。在1984年补刻印版时，经多方寻找，才在安岳县找来几名年老的雕刻工匠。据目前了解，成都可能还找不到这种工匠。

《重刊道藏辑要》经版，为青羊宫、二仙庵深邃的道教文化渊泉，带来了绚丽的色彩。同时使人想到，这里确实不愧为老君与关尹历史性会晤的圣地。

图书在版编目（CIP）数据

圣迹仙宗青羊宫 / 陈明昌主编；冯广宏编著.
—北京：华夏出版社，2014.1
（中国道教文化之旅丛书）
ISBN 978-7-5080-7925-7

Ⅰ．①圣… Ⅱ．①陈… ②冯… Ⅲ．①道教—宗教文化—介绍—成都市 Ⅳ．①K928.75

中国版本图书馆 CIP 数据核字（2013）第 304327 号

圣迹仙宗青羊宫

编　　著	冯广宏
责任编辑	刘淑兰　王秋实
出版发行	华夏出版社
经　　销	新华书店
印　　刷	北京市华宇信诺印刷有限公司
装　　订	三河市李旗庄少明印装厂
版　　次	2014 年 1 月北京第 1 版 2014 年 5 月北京第 1 次印刷
开　　本	720×1030　1/16 开
印　　张	14
字　　数	200 千字
定　　价	39.80 元

华夏出版社　地址：北京市东直门外香河园北里 4 号　邮编：100028
网址：www.hxph.com.cn　电话：(010) 64663331（转）
若发现本版图书有印装质量问题，请与我社营销中心联系调换。